Annotated Legal Documents on Islam in Europe: Hungary

Annotated Legal Documents on Islam in Europe

VOLUME 24

The titles published in this series are listed at *brill.com/ldie*

Annotated Legal Documents on Islam in Europe

Hungary

Compiled, annotated and authored by

Balázs Schanda
Ferenc Petruska

BRILL

LEIDEN | BOSTON

Library of Congress Cataloging-in-Publication Data

Names: Schanda, Balázs, author. | Petruska, Ferenc, author.
Title: Annotated legal documents on Islam in Europe. Hungary / compiled, annotated, and authored by Balázs Schanda, Ferenc Petruska.
Description: Leiden ; Boston : Brill, 2024. | Series: Annotated legal documents on Islam in Europe, 2214-1340 ; volume 24 | Includes bibliographical references and index.
Identifiers: LCCN 2024008575 | ISBN 9789004697379 (paperback)
Subjects: LCSH: Muslims–Legal status, laws, etc.–Hungary. | Islamic law–Hungary. | Islam and state–Hungary.
Classification: LCC KKF2467.M56 S33 2024 | DDC 342.43908/5297–dc23/eng/20240224
LC record available at https://lccn.loc.gov/2024008575

Typeface for the Latin, Greek, and Cyrillic scripts: "Brill". See and download: brill.com/brill-typeface.

ISSN 2214-1340
ISBN 978-90-04-69737-9 (paperback)

Contents

Foreword by the Editors

This is the twenty-fourth volume in the series *Annotated Legal Documents on Islam in Europe*. The publication of this series responds to the widespread lack of sound information about the legal status of Islam in Europe. In principle, this information is easily available to those who are willing to make the effort and know enough about the subject to ask the right questions of digital search engines. But that requires both expertise and effort, and it takes place in an environment where the public political debate on Islam in many European countries is characterised by increasing concern and fear. Islam has come to be broadly perceived as a security issue rather than a religion like others in Europe. But the concern has also moved into the legal field, most markedly, of course, with discussions about limitations on Muslim female dress enacted in a growing number of countries, or the ban on building minarets on mosques in Switzerland, or restrictions on building mosques in certain Austrian provinces. At the same time, in a number of European states like Austria and Germany legislation is enacted and state treaties are negotiated which aim to establish a stable and reliable basis for Muslim life and organisation. Even so, such measures are under scrutiny by an increasingly sceptical European public, sometimes ignoring the legal principles of secularity, not least the demands of state neutrality towards and equal treatment of all religions and beliefs regardless of numbers of adherents or public reputation.

In addition, the religious status and rights of Muslims in the various European countries differ significantly, due to different historical developments regarding the organisation of relations between the state and religions. Furthermore, while in some states' laws regulating such matters introduced decades ago are still in force and have to be re-interpreted in the face of a "newcomer" religion, others have introduced new laws that consider the increasing religious plurality within Europe. Despite the common legal and political foundations constructed since 1945 in instruments such as the European Convention on Human Rights and the more recently accumulated legislation of the European Union, this closer look reveals remarkable differences due to the extent of the separation of state and religion or the establishment of co-operative structures. In some countries Islam has an officially recognised status which in some cases originated in the first half of the 20th century. In other countries no such recognition of any religion is available even if informal ways of favouring one religion over another may exist. Since 1990 especially, European courts have moved to equalise the status of Islam with that of other religions in the practical exercise of religious freedom in various countries. Particular practices regarded as core religious obligations—in the case of Muslim dress codes and practices such as male circumcision, access to correctly slaughtered meat and otherwise *halal* food, free time for the main periods of worship and religious festivals, and the right to build mosques—can be controversial in some countries, while less so in others. In the course of the ongoing process of self-organisation and the participation of Muslims in civil societies and their co-operation with the state, children's access to Islamic religious instruction or the education of Muslim theologians can be achieved in co-operation with the state education systems in some countries, while in others the community must rely on its own arrangements. The practically pressing issue of financing the religious infrastructure is still far from being settled in many countries.

The aim of this series is to make this legislation available to both the interested researcher and the practising lawyer. Altogether the series is expected to comprise 32 volumes, one for each of the 27 countries of the European Union plus the United Kingdom, Norway and Switzerland, and a volume each dealing with the European Union (treaties, directives and decisions of the Court of Justice of the European Communities) and the European Court of Human Rights. Excerpts of relevant legislation are introduced and summarised by the volume compiler, and where court cases have provided significant interpretation of the law they will also be referred to. The legislation itself is reproduced in the original language, as the editors and the publisher agreed early on in the preparation of the series that any attempt to translate legislation into English would be unsatisfactory and risked being misleading. The comments and analysis by the authors should give sufficient guidance to users to allow a decision whether to arrange a translation for their specific purposes.

Hungary is one of the countries in which Islamic religion and communities have been legally recognised—in 1916 and again in 2011. It has also granted refugee status to a significant number of people of the Islamic faith over the past decades. As authors, our task is to provide an authentic picture of the Islamic communities in Hungary and the legislation on religious freedom. The publishers initiated this project, and as the authors we value their request and expertise in guaranteeing its success.

An attempt has been made to ensure that the volumes are structured in as similar a manner as possible. The starting point for this has been the thematic organisation used variously in the *Yearbook of Muslims in Europe*, which Brill has published annually since 2009. But it has been only a starting point, and in each volume the compiler and the editors have agreed on the structure which makes most sense for the legislation of the country concerned. Normally one member of the editorial group takes responsibility for discussing the structure and compilation of each volume with the compiler: in this instance, this task was undertaken by Prof. Jørgen Nielsen. We are also grateful to Kate Elliott for the care shown in copy editing the volume. The initiative for this project came from the publisher, where Nicolette van der Hoek and Nienke Brienen-Moolenaar have played an invaluable role in ensuring that the project has maintained its momentum. As editors, we appreciate how much their expertise contributes to ensuring that a project like this can run smoothly.

The Editors, January 2024

General Introduction

The theory of the Hungarian double occupation, that the Hungarians occupied the Carpathian Basin in two phases, remains unproven. According to this theory, the initial phase took place around 670, with the well-known invasion under the leadership of Prince Árpád in 896 being the second phase and resulting in the second Hungarian conquest. According to the theory, it is possible that certain Hungarian tribes were exposed to Islam during their migration to Central Europe in the eighth century.[1] Before the Ottoman Empire's advance into the Balkans, the amount of interaction between Hungary and Islam was negligible. Further research could shed more light on this theory.[2] During the period of Ottoman rule in central Hungary in the 16th and 17th centuries the Muslim population was noticeable, but instances of conversions to Islam were few and were primarily limited to individuals who were forcibly taken as children or enslaved.[3] It is imperative to emphasise that the influence exerted by the Ottoman Empire in the Balkans transcended the bounds of mere religious conversion, encompassing substantial cultural and architectural endowments bestowed upon the region. Moreover, a meticulous examination of the experiences of individuals who converted to Islam at this time could yield invaluable insights into the intricate interplays characterising processes of religious and cultural acculturation. After the ejection of the Ottomans from Hungary during the denouement of the 17th century, vestiges of architectural eminence reflecting the erstwhile Muslim presence became a rarity, concomitant with the complete expulsion of the Muslim community from the Hungarian milieu. Nonetheless, vestiges of Ottoman dominion and the paradigm of Islamic conversion persist in certain facets of Hungarian culture, encompassing language, gastronomy and customary observances. Furthermore, a comprehensive inquiry into the vanishing of the Muslim

1 Veronika Csáky and others, 'Early Medieval Genetic Data from Ural Region Evaluated in the Light of Archaeological Evidence of Ancient Hungarians', *Scientific Reports*, 10.1 (2020), pp. 1–14 (https://doi.org/10.1038/s41598-020-75910-z).

2 Elena Maestri, 'Migration and the Muslim World: Perspectives and Challenges', in *Migration and Integration Challenges of Muslim Immigrants in Europe*, ed. by Annemarie Profanter and Elena Maestri, Politics of Citizenship and Migration (Cham: Springer International Publishing, 2021), pp. 23–53 (https://doi.org/10.1007/978-3-030-75626-0_2).

3 Nikolay Antov, 'The Ottoman "Wild West": The Balkan Frontier in the Fifteenth and Sixteenth Centuries', 2017 (https://typeset.io/papers/the-ottoman-wild-west-the-balkan-frontier-in-the-fifteenth-2qjts7010a), accessed 11 August 2023.

community in Hungary could illuminate the enduring repercussions of the protracted intermingling of religious and cultural assimilation within a societal framework.[4]

Hungary currently accommodates a small population of individuals adhering to the Islamic faith.[5] The Muslim population within the nation has experienced a noteworthy upsurge over the latest three decades, increasing from a meagre cohort to a few thousand constituents. Nevertheless, it is imperative to emphasise that this numerical representation remains modest when compared to those in other countries. In the 1970s and 1980s, a conspicuous influx of Muslim inhabitants, hailing from Iran, Palestine, Egypt, Syria and other Arab nations aligned with the Soviet Union, migrated to the country as students. Some of this cohort chose to settle in various Western nations, where they established their own enclaves and drove a tangible growth in the Muslim population. This migratory surge assumed a pivotal role in configuring the present-day heterogeneous and culturally variegated Muslim collective. The recent increase in the Muslim population is probably due to the arrival of recent immigrants. Due to various factors, these individuals might find themselves excluded from official census counts.[6] The 2011 census data indicate a rise in the Muslim populace to 5,579 individuals from 2,907 in 2001. Within this cohort, 2,300 individuals self-identified as Arab, whereas 2,200 indicated affiliations with diverse ethnic origins. The growth of the Muslim population between 2001 and 2011 signifies a burgeoning Islamic presence in Hungary. Nevertheless, it is necessary to emphasise that the census data may not comprehensively portray the actual extent of the Muslim population.[7] The 2022 census found there to be 7,983 Muslims in the country, about half of them in Budapest.[8]

4 Sara Ann Knutson and Caitlin Ellis, '"Conversion" to Islam in Early Medieval Europe: Historical and Archaeological Perspectives on Arab and Northern Eurasian Interactions', *Religions*, 12.7 (2021), 544 (https://doi.org/10.3390/rel12070544).

5 'Központi Statisztikai Hivatal' (https://www.ksh.hu/nepszamlalas/vallas_sb) accessed 11 August 2023.

6 Danièle Joly and Khursheed Wadia, 'Migrations, Demographics and Socio-Economic Profiles', in *Muslim Women and Power*, by Danièle Joly and Khursheed Wadia (London: Palgrave Macmillan UK, 2017), pp. 85–120 (https://doi.org/10.1057/978-1-137-48062-0_4).

7 Balázs Schanda, 'Islam and Human Rights in Hungary: Religious Freedom Issues and Some Challenges of a Coexistence', in *Islam and Human Rights in the European Union: Proceedings of the XXXIInd Annual Conference Thessaloniki, 23–25 September 2021* (presented at the Annual Conference of the European Consortium for Church and State Research, Granada: Comares, 2022), pp. 251–258 (p. 252).

8 https://nepszamlalas2022.ksh.hu/adatbazis/ accessed 7 December 2023.

It is pivotal to contemplate concerted endeavours towards integration and inclusivity, guaranteeing equitable prospects and entitlements for all individuals, including those who have recently migrated. An additional point of significance is the estimate that roughly 4,000 Muslims have identified an ethnic Hungarian lineage, indicating the potential for multiple ethnic associations.[9] Furthermore, the proportion of Muslims with higher education is greater than and the average age of Muslims is below that of the general Hungarian population. Hungary stands out as one of the few European countries where the Jewish population outnumbers that of the Muslim community. However, it is worth noting that Muslim communities may claim a larger membership than the census officially reports. This discrepancy could be attributed to various factors, such as cultural differences in reporting practices or the presence of undocumented immigrants within Muslim communities. Additionally, the growth of Muslim populations in Hungary is often influenced by factors like immigration patterns and refugee influxes, which can further complicate accurate census data collection.[10]

A proportion of the Muslim students who chose to stay in Hungary after completing their studies entered into marriages with Hungarian individuals, a subset of whom underwent conversion to Islam. Following the dissolution of the communist regime, there has been a modest influx of Turkish and Arab immigrants who have primarily engaged in the trade and service sectors. These immigrants have contributed to Hungary's cultural diversity and established businesses catering for locals and tourists. However, it is crucial to consider that the number of immigrants from these regions remains relatively small compared to those from other, especially Western European, countries.[11] By 2021 the total ethnic immigration amounted to approximately 250,000 individuals.[12]

This highlights the potential for a larger Muslim population in Hungary than is officially reported and raises doubts about the accuracy of the census fig-

9 Schanda, 'Islam and Human Rights in Hungary: Religious Freedom Issues and Some Challenges of a Coexistence', p. 252.

10 Christian S. Czymara and Marcus Eisentraut, 'A Threat to the Occident? Comparing Human Values of Muslim Immigrants, Christian, and Non-Religious Natives in Western Europe', *Frontiers in Sociology*, 5 (2020), 538926 (https://doi.org/10.3389/fsoc.2020.538926).

11 Schanda, 'Islam and Human Rights in Hungary: Religious Freedom Issues and Some Challenges of a Coexistence', pp. 252–253.

12 Márton Péti and others, 'Analyzing Ethnocentric Immigration through the Case of Hungary—Demographic Effects of Immigration from Neighboring Countries to Hungary', *Journal of Ethnic and Cultural Studies*, 8.4 (2021), pp. 128–153 (p. 252) (https://doi.org/10.29333/ejecs/857).

ures when combined with estimates from the Muslim community.[13] It is also worth mentioning that Hungary has experienced a modest increase in Muslim asylum applicants. Many people acknowledge that the Muslim communities in the country are not prone to fundamentalist radicalisation, supported by the fact that no documented cases of individuals from Hungary joining ISIS have been reported.[14]

Parliament acknowledges the existence of two Muslim communities, each with distinct operational responsibilities. The first oversees the management of two mosques located in Budapest, as well as two more mosques situated in the rural cities of Pécs and Szeged. The second community is responsible for administering one mosque in Budapest alongside three other mosques in various cities. The majority of these establishments were once commercial buildings that have been repurposed into places of worship. Neither the statistical data nor the online platforms of Muslim communities in Hungary indicate a discernible growth trend of Islam in the country. However, it is worth noting that the website[15] of the Organisation of Muslims in Hungary appears to be more frequently updated and offers content in both English and Arabic.[16] Both communities can be categorised as adherents to the Sunni branch of Islam. Both communities have established mosques and Islamic centres in Hungary, providing a place for Muslims to gather for prayer and community events. Despite the lack of a discernible growth trend, the presence of these institutions highlights the efforts made by Muslim communities in Hungary to maintain their religious practices and cultural identity. The Hungarian Islam Community emphasises its Hungarian identity, highlighting the historical connection between Islam and Hungary, as well as engaging in visible charitable activities. On the other hand, the Organisation of Muslims in Hungary adopts a more international approach while also advocating for the integration of Muslims in Europe while maintaining their Muslim identity.[17]

---

13 'The Organisation of Muslims in Hungary', 2023 (https://iszlam.com/english/item/1828-the-organisation-of-muslims-in-hungary) accessed 11 August 2023.

14 Péti and others; 'The Organisation of Muslims in Hungary'; Péti and others.

15 'The Organisation of Muslims in Hungary'.

16 Judit Molnár Sansum and Balázs Dobos, 'Cultural Autonomy in Hungary: Inward or Outward Looking?', *Nationalities Papers*, 48.2 (2020), pp. 251–266 (https://doi.org/10.1017/nps.2019.80).

17 Veronika Bocsi, 'The Religious Patterns of Young Roma People in Hungary', *Belvedere Meridionale*, 29.4 (2017), pp. 105–121 (https://doi.org/10.14232/belv.2017.4.7); Schanda, 'Islam and Human Rights in Hungary: Religious Freedom Issues and Some Challenges of a Coexistence', pp. 252–253.

Although individuals who identify as Muslim can be members of Parliament and municipal governments, none of these individuals have made an official declaration of their Islamic faith. In Hungary, it is crucial to acknowledge and respect the diversity within Muslim communities and the reality that individuals may prioritise various aspects of their identity when participating in political activities.[18]

To summarise the above, the current existence of Islam in Hungary does not pose a significant challenge. The influx of migrants into the country is currently constrained, and political discourse exhibits caution regarding the prospect of liberalising border policies for non-Hungarian immigration. However, it is essential to note that the presence of Islam in Hungary has sparked some debate and concerns among specific population segments. These discussions often revolve around issues such as cultural integration and national identity, but overall the current situation does not indicate a significant hindrance to coexistence between Islam and Hungary. Recognised Muslim communities have refrained from contesting the state's secular character and abstained from advocating for the implementation of Sharia law. Instead, their endeavour revolves around integration within the existing legal structure. This strategy has engendered a feeling of concord and reciprocal regard between the Muslim populace and the broader Hungarian milieu. The Hungarian government has also initiated measures to safeguard religious liberties, allowing Muslims to observe their faith without bias. Overall, while there may be occasional concerns and debates, the coexistence of Islam in Hungary remains peaceful and inclusive.[19]

---

18 Ali Jalalian Daghigh and Hajar Abdul Rahim, 'Representation of Muslim Minorities in Politicians' Discourse: Jacinda Ardern vs. Donald Trump', *Journal of Muslim Minority Affairs*, 40.2 (2020), pp. 179–195 (https://doi.org/10.1080/13602004.2020.1773099); Schanda, 'Islam and Human Rights in Hungary: Religious Freedom Issues and Some Challenges of a Coexistence', p. 253.

19 Bulcsu Bognár, 'Leader Cults and Secularized Faiths: Religiosity, the Choice of Values and Political Preferences in Hungary', *Polish Sociological Review*, 3, 2021, pp. 311–330 (https://doi.org/10.26412/psr215.02); Schanda, 'Islam and Human Rights in Hungary: Religious Freedom Issues and Some Challenges of a Coexistence', p. 258.

CHAPTER 1

Status of Religious Communities

Balázs Schanda

1 Constitutional Guarantees

The Fundamental Law (the Constitution) provides for religious freedom using wording similar to that of the Universal Declaration of Human Rights. In addition to that document, however, the Fundamental Law expressly recognises the right not to express a conviction. It also states that religious communities function separately and provide for the possibility of cooperation serving the public good. The Law also provides for *non-discrimination* on the basis of religion and recognises the *right of parents* to decide on the education of their children.

Since an Amendment was passed in 2018, the Fundamental Law also states that defence of Christian culture as well as Hungary's constitutional identity shall be the duty of all state organs. This commitment does not compromise the religious neutrality of the state but underlines the significance of the Christian religion in the nation's cultural legacy.

Alaptörvény
R) cikk
(4) Magyarország alkotmányos önazonosságának és keresztény kultúrájának védelme az állam minden szervének kötelessége.
VII. cikk
(1) Mindenkinek joga van a gondolat, a lelkiismeret és a vallás szabadságához. Ez a jog magában foglalja a vallás vagy más meggyőződés szabad megválasztását vagy megváltoztatását és azt a szabadságot, hogy vallását vagy más meggyőződését mindenki vallásos cselekmények, szertartások végzése útján vagy egyéb módon, akár egyénileg, akár másokkal együttesen, nyilvánosan vagy a magánéletben kinyilvánítsa vagy kinyilvánítását mellőzze, gyakorolja vagy tanítsa.
(2) Az azonos hitelveket követők vallásuk gyakorlása céljából sarkalatos törvényben meghatározott szervezeti formában működő vallási közösséget hozhatnak létre.
(3) Az állam és a vallási közösségek különváltan működnek. A vallási közösségek önállóak.
(4) Az állam és a vallási közösségek a közösségi célok elérése érdekében együttműködhetnek. Az együttműködésről a vallási közösség kérelme

alapján az Országgyűlés dönt. Az együttműködésben részt vevő vallási közösségek bevett egyházként működnek. A bevett egyházaknak a közösségi célok elérését szolgáló feladatokban való részvételükre tekintettel az állam sajátos jogosultságokat biztosít.
(5) A vallási közösségekre vonatkozó közös szabályokat, valamint az együttműködés feltételeit, a bevett egyházakat és a rájuk vonatkozó részletes szabályokat sarkalatos törvény határozza meg.

2 Legal Recognition of Churches and Religious Communities

According to the Fundamental Law people following the same religion can set up a religious community that enjoys autonomy.

Since 2019 there have been four categories of religious communities. Such communities are, however, not obliged to register as such, as the free exercise of religion is not subject to any legal form.

The base category remains the religious association (*vallási egyesület*), a legal entity enjoying full autonomy. A novelty of the amendment is that religious associations have the right to receive tax assignments from income taxpayers. This way they enjoy a kind of public subsidy beyond tax exemption. The law also provides for the possibility of agreements between such associations and the state for further subsidies and the support of public benefit activities (like education, health care, etc.).

A religious association can be upgraded into a registered church (*nyilvántartásba vett egyház*) after three years, if in those three years at least 1,000 taxpayers on average have assigned 1% of their income tax to it and it has been functioning for at least five years as a religious association in Hungary or 100 years abroad. Smaller religious associations can become registered churches if they declare that they have no intention of receiving extra public funding beyond the tax assignment system. For further subsidies, the state can also establish contractual relations with registered churches.

A slightly higher status would be that of an incorporated church (a kind of first-class registration – *bejegyzett egyház*). A religious association can become an incorporated church if in the previous five years on average at least 4,000 taxpayers have assigned 1% of their income tax to it and it has been functioning as a religious association for at least 20 years in Hungary or 100 years abroad or it has been a registered church for at least 15 years. Religious associations with at least 10,000 registered members can also become incorporated churches after 20 years if they declare that they will not ask for further public subsidies. Beyond the possibility of agreements between an incorporated church and the state on public benefit activities, incorporated churches also take part in the tax assignment system and they also receive an additional subsidy that supplements the tax assignments distributing the relevant share of the tax not covered by assignments (1% of the income tax is distributed between churches – the relevant share of those who do not make use of their right to assign 1% of their tax is distributed according the proportion established by those who have assigned their 1%).

Religious associations and registered and incorporated churches are registered at the Budapest Metropolitan Court.

The highest status provided for religious entities remains that of a recognised church (*bevett egyház*). When the state enters into a comprehensive cooperation agreement with an incorporated church, that agreement grants it recognition. Such agreements are promulgated by special Acts of Parliament. Recognised churches enjoy a wide range of special rights and public support, including public funding of their public benefit institutions (like schools, hospitals, etc.).

Registered, incorporated and recognised churches as well as their internal units are ecclesiastical legal entities. All ecclesiastical legal entities have the right to provide religious education in public schools and to receive public funding for such education.

The legislator has established a highly complex system for providing an appropriate status for various communities. The 2018 Amendment gave some rights to all communities (e.g. the tax assignment system). Interim steps between religious associations and recognised churches could be appealing to some communities (additional funding, religious education at public schools, and eventually greater social prestige). Whereas religious associations have a right to be upgraded to registered or incorporated churches if they meet the criteria, the decision on becoming a recognised church remains a discretionary decision of the Parliament: both state and church have to be willing to cooperate for the public good.

3 Religious Communities as Associations

Theoretically it is possible for a religious group to obtain legal personality as an association and not to be a religious association. As the minimum requirements are the same (ten members), but as religious associations enjoy wide autonomy and a number of additional rights, this is not likely to happen.

A religious group may decide not to seek any kind of legal personality.

2011. évi CCVI. törvény a lelkiismereti és vallásszabadság jogáról, valamint az egyházak, vallásfelekezetek és vallási közösségek jogállásáról

1. § (1) A lelkiismereti és a vallásszabadság mindenkit megillető alapvető jog, amely nem köthető semmilyen jogi formához.

6. § Vallási közösség a természetes személyek minden olyan közössége, szervezeti formától, jogi személyiségtől vagy elnevezéstől függetlenül, amely vallás gyakorlására alakult, és elsődlegesen vallási tevékenységet végez.

7. § (1) Vallási közösség működhet jogi személyiség nélkül, valamint jogi személyiséggel rendelkező szervezeti formában.

(2) Jogi személyiséggel rendelkező vallási közösség

a) a vallási egyesület,

b) a nyilvántartásba vett egyház,

c) a bejegyzett egyház és

d) a bevett egyház.

(3) A bevett egyház, a bejegyzett egyház, a nyilvántartásba vett egyház, illetve a vallási egyesület azonos hitelveket valló, természetes személyekből álló, önkormányzattal rendelkező autonóm szervezet.

7/A. § (1) A jogi személyiségű vallási közösség tagjai vallási meggyőződésének megfelelően szabadon állapítja meg vallási és ezen alapuló egyéb közcélú tevékenysége kereteit, szabályait, szervezeti formáját és elnevezését.

(2) A vallási közösség olyan világnézethez kapcsolódó tevékenységet folytat, amely természetfelettire irányul, rendszerbe foglalt hitelvekkel rendelkezik, tanai a valóság egészére vonatkoznak, valamint sajátos magatartáskövetelményekkel az emberi személyiség egészét átfogja (a továbbiakban: vallási tevékenység).

(3) Önmagában nem tekinthető vallási tevékenységnek

a) a politikai és érdekérvényesítő,

b) a pszichikai vagy parapszichikai,

c) a gyógyászati,

d) a gazdasági-vállalkozási,

e) a nevelési,

f) az oktatási,

g) a felsőoktatási,

h) az egészségügyi,

i) a karitatív,

j) a család-, gyermek- és ifjúságvédelmi,

k) a kulturális,

l) a sport-,

m) az állat-, környezet- és természetvédelmi,
n) a hitéleti tevékenységhez szükségesen túlmenő adatkezelési, valamint
o) a szociális
tevékenység.
(4) A vallási közösség kizárólag olyan vallási tevékenységet gyakorolhat, amely az Alaptörvénnyel nem ellentétes, jogszabályba nem ütközik, és nem sérti más közösségek jogait és szabadságát.
7/B. § A vallási közösség az egyház megjelölést elnevezésében és a tevékenységére való utalás során önmeghatározása céljából – a saját hitelvei szerinti tartalommal – használhatja.
7/C. § A vallási egyesület elnevezése az egyesületi különös formára való utalást nem tartalmazza.
8. § (1) Az állam a vallási közösségek irányítására, felügyeletére szervet nem működtethet, és nem hozhat létre.
(2) A vallási közösség hitelvei, belső törvénye, alapszabálya, szervezeti és működési szabályzata vagy azoknak megfelelő más szabályzata (a továbbiakban együtt: belső szabály) alapján hozott határozat érvényre juttatására állami kényszer nem alkalmazható, azt állami hatóság nem vizsgálhatja. A vallási közösség belső szabályon alapuló döntését állami szerv nem módosíthatja vagy bírálhatja felül, a jogszabályban nem szabályozott belső jogviszonyokból eredő jogviták elbírálására állami szervnek nincs hatásköre.
9. § (1) Az állam és a jogi személyiséggel rendelkező vallási közösségek együttműködhetnek a közjó előmozdításában. Az állam a jogi személyiséggel rendelkező vallási közösségekkel történelmi és kulturális értékeket megőrző, nevelési-oktatási, felsőoktatási, egészségügyi, karitatív, szociális, család-, gyermek- és ifjúságvédelmi, kulturális vagy sporttevékenység, valamint más közcélú tevékenység ellátására megállapodást köthet történelmi és társadalmi szerepük, társadalmi elfogadottságuk, beágyazottságuk, szervezettségük, az általuk hagyományosan végzett közcélú tevékenységek során szerzett tapasztalataik és – az együttműködéssel érintett közcélú tevékenységek sajátosságaihoz igazodva – az azok ellátásához szükséges feltételek fennállásának figyelembevételével.
(2) Az állam az (1) bekezdés szerinti kiemelkedő jelentőségű közcélú tevékenységeket szervezettségük, társadalmi támogatottságuk, történelmi és társadalmi szerepük, valamint ilyen tevékenységek ellátása során szerzett tapasztalataik alapján hosszú távon ellátni képes és kész, jogi személyiséggel rendelkező vallási közösségekkel kérelmükre – határozatlan időre – átfogó együttműködési megállapodást (a továbbiakban: átfogó megállapodás) köthet, amely a hitéleti támogatásra is kiterjedhet.

2. A vallási egyesület

9/A. § (1) Az azonos hitelveket valló természetes személyek vallásuk gyakorlása céljából, vallási tevékenység végzésére vallási egyesületet hozhatnak létre.

(2) A vallási egyesületre az egyesületre vonatkozó szabályokat az e törvényben meghatározott eltérésekkel kell alkalmazni.

9/B. § A vallási egyesület alapszabálya az egyesületre vonatkozó szabályoktól eltérően határozhatja meg

a) a tagsági jogviszony keletkezésének és a tagsági jogok gyakorlásának módját, valamint

b) azoknak a vallási egyesülettel jogviszonyban álló személyeknek a körét, feladatát és hatáskörét, akik az egyesület

ba) működésére vonatkozó belső döntés meghozatalára és ellenőrzésére, illetve

bb) ügyintézésére és képviseletére

jogosultak.

9/C. § (1) A vallási egyesülettel az állam határozott időre – legfeljebb öt évre – szóló megállapodást köthet egyes közcélú tevékenységek ellátására, illetve a hitéleti tevékenység támogatására. A megállapodás – esetenként legfeljebb az eredeti időtartamnak megfelelő mértékben – meghosszabbítható.

(2) A vallási egyesület jogosult a magánszemélyek által befizetett személyi jövedelemadó külön törvény szerint felajánlott és meghatározott részére.

3. A nyilvántartásba vett egyház

9/D. § (1) A vallási egyesületet – kérelmére – nyilvántartásba vett egyházként kell nyilvántartásba venni, ha

a) részére a nyilvántartásba-vételi kérelem benyújtását megelőző 3 év átlagában legalább ezer magánszemély ajánlotta fel befizetett személyi jövedelemadójának külön törvény szerint meghatározott részét, és

b) legalább

ba) 5 éve vallási egyesületként működik, vagy

bb) 100 éves szervezett formában történő önálló nemzetközi működéssel rendelkezik.

(2) Az (1) bekezdéstől eltérően a vallási egyesületet – kérelmére – nyilvántartásba vett egyházként akkor is nyilvántartásba kell venni, ha

a) legalább ezer, Magyarországon lakó- vagy tartózkodási hellyel rendelkező nyilvántartott tagja van,

b) legalább 5 éve vallási egyesületként működik, és

c) nyilatkozik arról, hogy hitéleti tevékenysége vagy közcélú tevékenysége érdekében az államháztartás alrendszereiből, európai uniós forrásokból vagy nemzetközi megállapodás alapján finanszírozott programokból, pályázati úton vagy pályázati rendszeren kívül, egyedi döntés alapján támogatást a kérelem benyújtását követően nem vesz igénybe.

(3) Az (1) bekezdés b) pont bb) alpontja szerinti nemzetközi működést

a) Magyarország kivételével legalább két országban egyházi státusszal rendelkező és – a kérelmező vallási egyesülettel, illetve nyilvántartásba vett egyházzal – azonos hitelveket valló egyházak által kiállított igazolás,

b) Magyarország kivételével legalább két országban működő és azonos hitelveket valló egyházak, tagegyházak szövetsége által a szövetségi tagságról kiállított igazolás, vagy

c) Magyarország kivételével legalább két országban működő részegyházakat összefogó világegyház által kiállított részegyházi tagságról szóló igazolás

alapján kell megállapítani.

(4) A nyilvántartásba vett egyház jogosult a magánszemélyek által befizetett személyi jövedelemadó külön törvény szerint felajánlott és meghatározott részére.

(5) A nyilvántartásba vett egyházzal az állam határozott időre – legfeljebb tíz évre – szóló megállapodást köthet közcélú tevékenység ellátására, illetve a hitéleti tevékenység támogatására. A megállapodás – esetenként legfeljebb az eredeti időtartamnak megfelelő mértékben – meghosszabbítható. A megállapodás alapján a nyilvántartásba vett egyház külön törvény szerinti adó-, illetve azzal egy tekintet alá eső más kedvezményben részesülhet.

(6) A lelkiismereti és vallásszabadságról, valamint az egyházakról szóló 1990. évi IV. törvény (a továbbiakban: 1990. évi IV. törvény) alapján egyházként, illetve az e törvény alapján alapcélként vallási tevékenységet végző egyesületként, valamint vallási tevékenységet végző szervezetként történt folyamatos működés a vallási egyesületként történő működés időtartamába akkor számít be, ha a lelkiismereti és vallásszabadság jogáról, valamint az egyházak, vallásfelekezetek és vallási közösségek jogállásáról szóló 2011. évi CCVI. törvény módosításáról szóló 2018. évi CXXXII. törvény (a továbbiakban: Módtv.) hatálybalépését megelőző napon a vallási közösség a vallási tevékenységet végző szervezetek nyilvántartásában szerepelt, vagy a Módtv. hatálybalépéséig egyházként történő elismerési eljárást kezdeményezett, és az eljárás jogerősen még nem fejeződött be.

3/A. A bejegyzett egyház

9/E. § (1) A vallási egyesületet – kérelmére – bejegyzett egyházként kell nyilvántartásba venni, ha

a) részére a nyilvántartásba-vételi kérelem benyújtását megelőző 5 év átlagában legalább négyezer magánszemély ajánlotta fel befizetett személyi jövedelemadójának külön törvény szerint meghatározott részét, és
b) legalább
ba) 20 éve vallási egyesületként működik, vagy
bb) 100 éves szervezett formában történő önálló nemzetközi működéssel rendelkezik.
(2) A nyilvántartásba vett egyházat – kérelmére – bejegyzett egyházként kell nyilvántartásba venni, ha
a) részére a nyilvántartásba-vételi kérelem benyújtását megelőző 5 év átlagában négyezer magánszemély ajánlotta fel befizetett személyi jövedelemadójának külön törvény szerint meghatározott részét, és
b) legalább
ba) 15 éve nyilvántartásba vett egyházként működik, vagy
bb) 100 éves szervezett formában történő önálló nemzetközi működéssel rendelkezik.
(3) Az (1) bekezdéstől eltérően a vallási egyesületet – kérelmére – bejegyzett egyházként akkor is nyilvántartásba kell venni, ha
a) legalább tízezer, Magyarországon lakó- vagy tartózkodási hellyel rendelkező nyilvántartott tagja van,
b) legalább 20 éve vallási egyesületként működik, és
c) nyilatkozik arról, hogy hitéleti tevékenysége vagy közcélú tevékenysége érdekében az államháztartás alrendszereiből, európai uniós forrásokból vagy nemzetközi megállapodás alapján finanszírozott programokból, pályázati úton vagy pályázati rendszeren kívül, egyedi döntés alapján támogatást a kérelem benyújtását követően nem vesz igénybe.
(4) A (2) bekezdéstől eltérően a nyilvántartásba vett egyházat – kérelmére – bejegyzett egyházként akkor is nyilvántartásba kell venni, ha
a) legalább tízezer, Magyarországon lakó- vagy tartózkodási hellyel rendelkező nyilvántartott tagja van,
b) legalább 15 éve nyilvántartásba vett egyházként működik, és
c) nyilatkozik arról, hogy hitéleti tevékenysége vagy közcélú tevékenysége érdekében az államháztartás alrendszereiből, európai uniós forrásokból vagy nemzetközi megállapodás alapján finanszírozott programokból, pályázati úton vagy pályázati rendszeren kívül, egyedi döntés alapján támogatást a kérelem benyújtását követően nem vesz igénybe.
(5) Az (1) bekezdés b) pont bb) alpontja és a (2) bekezdés b) pont bb) alpontja szerinti nemzetközi működést
a) Magyarország kivételével legalább két országban egyházi státusszal rendelkező és – a kérelmező vallási egyesülettel, illetve nyilvántar-

tásba vett egyházzal – azonos hitelveket valló egyházak által kiállított igazolás,
b) Magyarország kivételével legalább két országban működő és azonos hitelveket valló egyházak, tagegyházak szövetsége által a szövetségi tagságról kiállított igazolás, vagy
c) Magyarország kivételével legalább két országban működő részegyházakat összefogó világegyház által kiállított részegyházi tagságról szóló igazolás
alapján kell megállapítani.
(6) Az 1990. évi IV. törvény alapján egyházként, illetve az e törvény alapján alapcélként vallási tevékenységet végző egyesületként, valamint vallási tevékenységet végző szervezetként történt folyamatos működés a vallási egyesületként, illetve nyilvántartásba vett egyházként történő működés időtartamába akkor számít be, ha a Módtv. hatálybalépését megelőző napon a vallási közösség a vallási tevékenységet végző szervezetek nyilvántartásában szerepelt, vagy a Módtv. hatálybalépéséig egyházként történő elismerési eljárást kezdeményezett, és az eljárás jogerősen még nem fejeződött be.
9/F. § (1) A bejegyzett egyházzal az állam határozott időre – legfeljebb 15 évre – megállapodást köthet közcélú tevékenység ellátására, illetve a hitéleti tevékenység támogatására. A megállapodás – esetenként legfeljebb az eredeti időtartamnak megfelelő mértékben – meghosszabbítható. A megállapodás alapján a bejegyzett egyház külön törvény szerinti adó-, illetve azzal egy tekintet alá eső más kedvezményben részesülhet.
(2) A bejegyzett egyház jogosult a magánszemélyek befizetett személyi jövedelemadójának külön törvény szerint felajánlott és meghatározott részére és annak állami kiegészítésére, illetve az ennek helyébe lépő juttatásra.
3/B. A bevett egyház
9/G. § (1) A bevett egyház az olyan bejegyzett egyház, amellyel az állam a közösségi célok érdekében történő együttműködésről átfogó megállapodást kötött. Az átfogó megállapodás megkötése, illetve annak módosítása során az állam nevében az egyházakkal való kapcsolattartás koordinációjáért felelős miniszter (a továbbiakban: miniszter) jár el.
(2) Átfogó megállapodás megkötése iránti kérelmet a bejegyzett egyház, vagy az ilyen megállapodással nem rendelkező bevett egyház terjeszthet elő a miniszterhez. Amennyiben a Módtv. hatálybalépésekor már bevett egyházzal az átfogó megállapodás létrejön, azt nem kötelező a (3) bekezdésben foglaltak szerint törvényben kihirdetni. Amennyiben az átfogó megállapodás nem jön létre, az a bevett egyház jogállását nem érinti.

(3) Az (1) bekezdés szerinti átfogó megállapodást, illetve annak módosítását törvényben kell kihirdetni. A kihirdetést és a melléklet kiegészítését kezdeményező törvényjavaslatot a Kormány a megállapodás hatályba lépését követő 30 napon belül az Országgyűléshez benyújtja. A bejegyzett egyház az átfogó megállapodás törvényben történő kihirdetésének és a melléklet kiegészítésének a napjától minősül bevett egyháznak. Az átfogó megállapodásból eredő jogok és kötelezettségek azonban az átfogó megállapodás hatályba lépésének időpontjától megilletik, illetve terhelik a bejegyzett egyházat.
(4) A bevett egyház – a közösségi célok érdekében történő együttműködésre tekintettel – adó-, illetve azzal egy tekintet alá eső más kedvezményben, valamint költségvetési támogatásban részesül. E támogatásokkal kapcsolatos részletes szabályokat törvény állapítja meg.
(5) A bevett egyház jogosult a magánszemélyek befizetett személyi jövedelemadójának külön törvény szerint felajánlott és meghatározott részére és annak állami kiegészítésére, illetve az ennek helyébe lépő juttatásra.
(6) A bevett egyházakat az e törvényben meghatározott jogok és kötelezettségek azonos módon illetik, illetve terhelik.
(7) A bevett egyházakat a melléklet tartalmazza.
3/C. Az egyházi jogi személy
10. § Egyházi jogi személy a bevett egyház, a bejegyzett egyház és a nyilvántartásba vett egyház, továbbá azok belső egyházi jogi személye.
11. § (1) A bevett egyház, a bejegyzett egyház, illetve a nyilvántartásba vett egyház belső szabálya szerint jogi személyiséggel rendelkező egysége, szervezete vagy intézménye jogi személy.
(2) A belső egyházi jogi személy a bevett egyház, a bejegyzett egyház, illetve a nyilvántartásba vett egyház belső szabálya szerint működik; a bevett egyház, a bejegyzett egyház, illetve a nyilvántartásba vett egyház belső egyházi jogi személye a belső szabályban meghatározott viszonyokban a bevett egyház, a bejegyzett egyház, illetve a nyilvántartásba vett egyház képviseletében jár el. A belső egyházi jogi személyre a bevett egyházra, a bejegyzett egyházra, illetve a nyilvántartásba vett egyházra vonatkozó szabályokat megfelelően kell alkalmazni.
(3) A bevett egyház, a bejegyzett egyház, illetve a nyilvántartásba vett egyház közcélú tevékenységet ellátó intézménye a bevett egyház, a bejegyzett egyház, illetve a nyilvántartásba vett egyház belső szabálya szerint belső egyházi jogi személynek minősülhet. Nem minősül belső egyházi jogi személynek a bevett egyház, a bejegyzett egyház, illetve a nyilvántartásba vett egyház által létrehozott gazdasági társaság, alapítvány és egyesület.

11/A. § A bevett egyház, a bejegyzett egyház, illetve a nyilvántartásba vett egyház belső szabálya a jogi személyre törvényben meghatározott általános szabályoktól eltérően határozhatja meg
a) a bevett egyház, a bejegyzett egyház, a nyilvántartásba vett egyház és a belső egyházi jogi személy
aa) szervezetére és képviseletére,
ab) törvényes működésének biztosítékaira,
ac) átalakulására, egyesülésére, szétválására és jogutód nélküli megszűnésére, valamint
b) a belső egyházi jogi személy létesítésére
vonatkozó szabályokat.

CHAPTER 2

Relations between the State and Islam

Ferenc Petruska and Balázs Schanda

1 Introduction

The relationship between the Hungarian state and Islam has been complex throughout history. Hungary had a sizable Muslim community (Bosniaks, Tatars, Turks and others) in the middle ages. The Turkish Ottoman Empire conquered Hungary in the 16th century. That resulted in Islam having a significant effect on the Hungarian people and state for a century and a half. When the Austro-Hungarian Empire annexed Bosnia and Herzegovina in 1908, the imperial government started regulating Islamic rites and mosques.[1] In parallel, the government also took several steps to assist Hungary's Muslim community. It financed Islamic schools and constructed new mosques. More recently Hungary has hosted refugees from Muslim-majority countries.

2 The Legal Basis for the Islamic Community of Hungary

The largest religious communities are the so-called registered churches. In Hungary, the state officially recognises 27 religious groupings as ecclesiastical institutions at the highest level, referred to as "church institutions" or "churches". In the Hungarian legal framework, "churches" denotes religious groupings and ecclesiastical institutions that have undergone the highest official registration. The Organisation of Muslims in Hungary (Szeged, Tisza Lajos Avenue 93) and the Hungarian Islamic Community (Budapest, Paskál Street 60) are recognised associations.[2]

Act CCVI of 2011 on Freedom of Religion and Conscience and Churches, Religions, and Religious Communities governs both Muslim communities. They may, as certified religious communities with legal personality, participate in

1 György Lederer, 'Islam in Hungary', *Central Asian Survey*, 11.1 (1992), pp. 1–23 (https://doi.org/10.1080/02634939208400762); Katarzyna Górak-Sosnowska, *Muslims in Poland and Eastern Europe: Widening the European Discourse on Islam* (Warsaw: University of Warsaw, 2011).

2 'The Organisation of Muslims in Hungary', 2023 (https://iszlam.com/english/item/1828-the-organisation-of-muslims-in-hungary) accessed 20 May 2023.

various activities such as performing religious services, managing their own money, and creating and maintaining religious schools. There are currently no bilateral or multilateral cooperation agreements between Hungary and Islam that are primarily related to the Islamic religion or its organisations.

Both communities, however, maintain frequent communication with the Hungarian Government minister in charge of national policy, nationality policy, church policy and church diplomacy.

Apart from ministerial contacts, the Ecumenical Council of Churches in Hungary maintains an Interreligious Dialogue Committee with which both Muslim organisations communicate on a regular basis.

Furthermore, Hungary participates in European Union-managed cultural exchange initiatives, which include activities relating to Islamic culture.

The Hungarian Islamic Community is Hungary's leading Muslim religious group. It was awarded the status of a "registered church" in 2011, which gave it legal protection and various benefits. Today, it is headquartered in Budapest and organises and oversees Muslim religious life in Hungary. The Hungarian Islamic Community, like other religious organisations in the nation, may hold religious services, pray and participate in educational and cultural activities. The majority of the Hungarian Islamic Community's leaders and active members are busy and tolerant Hungarian Muslims. They want religious concord with the Abrahamic faiths.[3]

3 Other Communities

Act CCVI of 2011 on Freedom of Religion and Conscience and Churches, Religions, and Religious Communities is the fundamental legal underpinning for non-Christian organisations in Hungary. This Act identifies churches and religious organisations and establishes their legal standing and rights.

To be acknowledged as a religious community a group must meet certain conditions, such as having at least 1,000 adult members who have resided in Hungary for at least two decades. Once recognised, the group may obtain legal personality, tax advantages and the opportunity to perform religious rites and ceremonies. Non-Christian organisations, notably the Islamic communities of Hungary, may seek recognition under this Act. Non-Christian religious communities in Hungary are also subject to funeral norms and restrictions, as well as other aspects of religious exercise.

3 'A Magyarországi Muszlimok Egyházának éves beszámolói', 2023 (https://iszlam.com/eves-beszamolok) accessed 20 May 2023.

Case law 1: Violation of personal rights related to community membership. The case was referred to by the Constitutional Court 7/2021. and II. 19) In the case of a discussion of public affairs, when the control of public authority or those exercising public power and the information of public opinion is the purpose, the chosen form and style of expression of opinion must not be inconsistent or excessively harmful. (Kúria Pfv. 21.047/2021/6.)

Case law 2: Conscience and religious beliefs are human qualities. Only man, as a natural person, can possess these qualities. A religious community or organisation that provides the necessary organisational framework for persons of the same beliefs to practise their religion in the community cannot have a conscience or a faith due to its nature. Consequently, the ecclesiastical community is unable to claim the right of enforcement due to a violation of the personal right to the free exercise of religion [V. tv. 2013, p. 2:54. § 1 par., 2:42. § 2 par., 3:1. § 3 par., 2011 CCVI. 6. and 9A. §]. (BH2017.258.)

2011. évi CCVI. törvény
a lelkiismereti és vallásszabadság jogáról, valamint az egyházak, vallásfelekezetek és vallási közösségek jogállásáról

[...]

5. § (1) A lelkiismereti és vallásszabadság jogával összefüggésben állami hatóság által különleges adat nem gyűjthető. Állami hatóság által a lelkiismereti és vallásszabadsággal összefüggésben e törvény hatálybalépésekor nyilvántartott különleges adat kizárólag az érintett hozzájárulásával – halála esetén leszármazója hozzájárulásával – továbbítható és hozható nyilvánosságra.
(2) A lelkiismereti és vallásszabadság jogával összefüggésben a népszámlálás során nem kötelező jelleggel, azonosításra alkalmatlan módon gyűjthető adat.
[...]
8. § (1) Az állam a vallási közösségek irányítására, felügyeletére szervet nem működtethet, és nem hozhat létre.
(2) A vallási közösség hitelvei, belső törvénye, alapszabálya, szervezeti és működési szabályzata vagy azoknak megfelelő más szabályzata (a továbbiakban együtt: belső szabály) alapján hozott határozat érvényre juttatására állami kényszer nem alkalmazható, azt állami hatóság nem vizsgálhatja. A vallási közösség belső szabályon alapuló döntését állami szerv nem módosíthatja vagy bírálhatja felül, a jogszabályban nem szabályozott

belső jogviszonyokból eredő jogviták elbírálására állami szervnek nincs hatásköre.

9. § (1) Az állam és a jogi személyiséggel rendelkező vallási közösségek együttműködhetnek a közjó előmozdításában. Az állam a jogi személyiséggel rendelkező vallási közösségekkel történelmi és kulturális értékeket megőrző, nevelési-oktatási, felsőoktatási, egészségügyi, karitatív, szociális, család-, gyermek- és ifjúságvédelmi, kulturális vagy sporttevékenység, valamint más közcélú tevékenység ellátására megállapodást köthet történelmi és társadalmi szerepük, társadalmi elfogadottságuk, beágyazottságuk, szervezettségük, az általuk hagyományosan végzett közcélú tevékenységek során szerzett tapasztalataik és – az együttműködéssel érintett közcélú tevékenységek sajátosságaihoz igazodva – az azok ellátásához szükséges feltételek fennállásának figyelembevételével.

(2) Az állam az (1) bekezdés szerinti kiemelkedő jelentőségű közcélú tevékenységeket szervezettségük, társadalmi támogatottságuk, történelmi és társadalmi szerepük, valamint ilyen tevékenységek ellátása során szerzett tapasztalataik alapján hosszú távon ellátni képes és kész, jogi személyiséggel rendelkező vallási közösségekkel kérelmükre – határozatlan időre – átfogó együttműködési megállapodást (a továbbiakban: átfogó megállapodás) köthet, amely a hitéleti támogatásra is kiterjedhet.

CHAPTER 3

State Support for Islamic Religious Communities

Balázs Schanda and Ferenc Petruska

Before World War II, the majority of the land and forests were held by churches and other religious institutions. Although patronage was important everywhere in Hungary, it was fundamental to establishing and maintaining religious organisations via endowments. Between 1919 and 1945, patrons provided financial support for around two-thirds of Catholic parishes, allowing them to maintain their buildings and pay their clergy. Following the post-World War II communist accession, sole control over ecclesiastical buildings, parish structures and a minor assortment of religious entities endured. The expropriation and confiscation of church assets and lands by the state had severe consequences for Hungarian church institutions. Throughout the decades of socialism, these institutions depended on congregational backing and, to a lesser degree, government grants to ensure viability. After the dissolution of the communist regime, the imperative need for external backing for ecclesiastical survival became apparent, though the imperative lay in obliterating state dominion. Autonomy and independence sprang to the forefront as top concerns. Church institutions needed to reclaim their autonomy from the state and the rights taken away from them for decades. The state's permission for churches to function is a condition of religious freedom. There was only partial re-privatisation in Hungary after 1989.[1]

Before the political shift in 1989, Hungary's communist rule was founded on a materialistic mindset, providing only very little support for the country's churches. Church institutions rely significantly on financial contributions from their congregations since the ability to generate funds is a fundamental component of religious liberty. They play a crucial role in exercising religious freedom, and it is incumbent on the state to fulfil its legal and moral obligations towards these establishments. The state, responsible for safeguarding religious freedom, cannot ignore the churches' lack of resources. Nonetheless, this should not lead to churches being coerced into anything. Thus, the state may aid churches only within the bounds of rules that do not compromise

1 Balázs Schanda, *Állami egyházjog—Vallásszabadság és vallási közösségek a mai magyar jogban* (Budapest: Szent István Társulat, 2012), pp. 89, 131.

its neutrality or disrupt the churches' internal workings. The state fulfils its duty to protect institutions and advance religious freedom by giving tax money to churches and other religious groups. Even a secular state cannot be value-free. The government should be sensitive to people's varied demands, providing enough backing for civil society work since all such effort is valuable.[2]

Fundraising is acceptable for all religious communities, such as the Organisation of Muslims in Hungary and the Hungarian Islamic Community. Communities manage and distribute these funds free of charge, and the government has no access to the details. For the Organisation of Muslims in Hungary, not having to apply for a work permit and pay income tax for any nationality of religious official is a huge help.[3] Local religious communities may receive financial assistance from their dioceses or sister churches only in extraordinary situations, such as when there are construction or repair projects. Some rural areas have a smattering of shops and businesses that survive on donations from the faithful. Government grants help religious communities to supplement members' contributions and other income sources.[4]

Due to the socialist economic legacy, complete repair of or compensation for property was impossible. The only organisations recognised by law as receiving payment were churches. Churches could regain properties expropriated after 1948 and utilised for specific purposes if the state or a local municipality was in possession of them at the time the Act on the Settlement of Ownership of Former Real Properties of the Churches of 1991 entered into force. The restitution process took 20 years (1991–2011). Thirteen religious groups received back almost 3,000 buildings. Since 1998, congregations have had the option of turning the value of their unrestricted property into a "virtual fund" that distributes a certain amount of money each year. Almost 1,500 claims were converted into an annuity by six denominations. In this sense, compensation is a kind of income that certain faiths have more leeway in controlling than others. Since 1998, taxpayers have had the choice of allocating 1% of their income tax to a religious community of their choosing or to alternative public funding.[5] According to the government's new religious hierarchy, only incorporated and registered churches (See Chapter 1.2.) are eligible for this privilege. Nowadays,

2 Schanda, *Állami egyházjog—Vallásszabadság és vallási közösségek a mai magyar jogban*, pp. 11, 72, 83.

3 'The Organisation of Muslims in Hungary', 2023 (https://iszlam.com/english/item/1828-the-organisation-of-muslims-in-hungary) accessed 12 August 2023.

4 Vladimir Đurić and Milutin Trnavac, 'The Economic Activity of Churches and Religious Communities', *Strani Pravni Zivot*, 3, 2018, pp. 89–107 (https://doi.org/10.5937/spz1803089D).

5 Schanda, *Állami egyházjog—Vallásszabadság és vallási közösségek a mai magyar jogban*, pp. 69–70, 89.

people of various faiths may take advantage of this possibility. Incorporated and registered church institutions are entitled to receive up to 1% of all state income tax collected as a budget supplement from the state. Charitable donations to a church in one year will be distributed the following year. The many churches handle the tax assignment system's revenues independently of public scrutiny.[6] No audit has to be made public.

Christian and non-Christian religious institutions receive state financial support in the form of tax and fee exemptions. For instance, when a church purchases or inherits property or participates in a legal or administrative procedure, it is exempt from paying municipal taxes and fees. Money given to clergy by lay people in exchange for their religious services is exempt from federal income tax. Some religious activities benefit from government assistance. These subsidies have grown into a significant amount during the last decade. The state does not pay the clergy. Tax funds support it since their employees promote community well-being and fulfil their religious duties. Public funds are used to support religious education. In order to obtain financing for each lesson, churches must report on the total number of religious classes they provide. Churches are given money to help cover teachers' salaries. The appropriate religious organisations support higher theological education.[7]

The government is expected to provide for its own citizens' educational, medical and social needs.[8] Every public activity not explicitly designated for the state is open to churches. A religious organisation is eligible for public funding on a par with other institutions if it provides public services at the request of locals. Church-run museums, archives and libraries may be eligible for government funding under certain circumstances.[9] It is imperative not to construe these funds as assistance designated for religious or spiritual objectives. Churches have a substantial function within the societal and healthcare domains, with their most conspicuous impact manifesting itself in the educational sphere. Churches engaged in public service receive the equivalent normative fiscal backing to that received by other public establishments fulfilling

---

6 Ferenc Petruska, 'Current Changes in the State and Church Cooperation for Persecuted Christians', in *Budapest Report on Christian Persecution 2020* (Budapest: Mondat Kiadó, 2021), pp. 387–394.

7 Schanda, *Állami egyházjog—Vallásszabadság és vallási közösségek a mai magyar jogban*, pp. 37, 73, 89, 131, 141–147.

8 Schanda, *Állami egyházjog—Vallásszabadság és vallási közösségek a mai magyar jogban*, pp. 37–38, 45, 89.

9 Schanda, *Állami egyházjog—Vallásszabadság és vallási közösségek a mai magyar jogban*, pp. 134, 144.

comparable roles following pertinent legislative norms.[10] The upkeep of social programmes and public schools also falls within this category.[11]

2011. évi CCVI. törvény a lelkiismereti és vallásszabadság jogáról, valamint az egyházak, vallásfelekezetek és vallási közösségek jogállásáról

[...]

19. § (1) A jogi személyiséggel rendelkező vallási közösség részére a közcélú tevékenységek ellátásához az állam költségvetési támogatást nyújt.
(2) A bevett egyház és belső egyházi jogi személye az általa vagy intézménye útján ellátott közcélú tevékenysége után a hasonló tevékenységet folytató állami vagy helyi önkormányzati intézményekkel azonos mértékű költségvetési támogatásra jogosult. A bejegyzett egyház, a nyilvántartásba vett egyház és ezek belső egyházi jogi személyei az általuk vagy intézményeik útján ellátott közcélú tevékenységük után—erre vonatkozó megállapodás alapján—legfeljebb a hasonló tevékenységet folytató állami vagy helyi önkormányzati intézményekkel azonos mértékű költségvetési támogatásra jogosultak. A megállapodás megkötésénél figyelembe kell venni a 9. § (1) bekezdésében foglalt feltételeket.
(3) Amennyiben az egyházi jogi személy önmaga vagy intézménye útján közfeladatot lát el, a közfeladatot ténylegesen ellátó szervezet köteles a közfeladat ellátásával összefüggő közérdekű és közérdekből nyilvános adatainak közzétételére. Amennyiben a közfeladatot ellátó intézmény szervezetileg nem különül el a fenntartótól, abban az esetben is csak a közfeladat-ellátással ténylegesen összefüggő, elkülönítetten nyilvántartandó intézményi adatokat kell közzétenni. A közzétételi kötelezettség egyik esetben sem terjed ki az egyház belső struktúrájára, hitéleti tevékenységére, döntéshozatali mechanizmusára vonatkozó adatokra.
19/A. § (1) Az egyházi jogi személy az állam, a helyi önkormányzat vagy a nemzetiségi önkormányzat által fenntartott nevelési-oktatási intézményben és az állam vagy az országos nemzetiségi önkormányzat által fenntartott felsőoktatási intézményben—törvényben meghatározott módon—hitéleti oktatást szervezhet.
(2) A hitéleti oktatáshoz szükséges tárgyi feltételeket és más iskolai foglalkozással nem ütköző időpontját törvényben meghatározottak szerint a

10 Petruska.
11 Schanda, *Állami egyházjog—Vallásszabadság és vallási közösségek a mai magyar jogban*, pp. 50, 65, 107.

nevelési-oktatási intézmény, illetve a felsőoktatási intézmény, a hitéleti oktatásban közreműködő személyt az egyházi jogi személy biztosítja.
(3) A hitéleti oktatás költségeit – ideértve az (1) bekezdésben meghatározottakon túlmenően szervezett hitéleti oktatás költségeit is – a bevett egyházzal, a bejegyzett egyházzal vagy a nyilvántartásba vett egyházzal kötött megállapodás alapján az állam biztosítja.
19/B. § (1) A jogi személyiséggel rendelkező vallási közösség bevételei elsősorban természetes személyek, jogi személyek, illetve jogi személyiség nélküli szervezetek adományaiból és egyéb hozzájárulásaiból, valamint az ilyen bevételek hasznaiból tevődnek össze.
(2) A jogi személyiséggel rendelkező vallási közösség adományokat gyűjthet, amelyek után jogosult a társasági adóról, osztalékadóról és a személyi jövedelemadóról szóló jogszabályok szerint igazolás kiadására.
(3) A jogi személyiséggel rendelkező vallási közösség jogszabályban meghatározottak szerint az államháztartás alrendszereiből, európai uniós forrásokból vagy nemzetközi megállapodás alapján finanszírozott programokból, pályázati úton vagy pályázati rendszeren kívül, egyedi döntés alapján támogatásban részesülhet.
19/C. § (1) A vallási egyesület a nem hitéleti célra nyújtott támogatásból származó bevételét és annak felhasználását a számvitelről szóló törvény és a könyvvezetéshez kapcsolódó egyéb jogszabályok szerint tartja nyilván.
(2) A vallási egyesület és az egyházi jogi személy hitéleti célú bevételeit és azok felhasználását állami szerv nem ellenőrizheti. Hitéleti célú bevételnek minősül különösen a személyi jövedelemadó meghatározott részének a vallási egyesület, a bevett egyház, a bejegyzett egyház, illetve a nyilvántartásba vett egyház számára történő felajánlása, a 9/F. § (2) bekezdése, illetve a 9/G. § (5) bekezdése szerinti esetekben annak költségvetési kiegészítése, az ennek helyébe lépő juttatás, valamint az ingatlanjáradék és annak kiegészítése.
(3) Az egyházi jogi személy nem hitéleti célra nyújtott költségvetési támogatásból származó bevételét és annak felhasználását a számvitelről szóló törvény és a könyvvezetéshez kapcsolódó egyéb jogszabályok szerint tartja nyilván.
19/D. § (1) A vallási egyesület számára nem hitéleti célra nyújtott támogatás felhasználásának törvényességi szempontok szerinti ellenőrzését az Állami Számvevőszék végzi.
(2) Az egyházi jogi személynek nem hitéleti célra nyújtott költségvetési támogatás felhasználásának törvényességi szempontok szerinti ellenőrzését az Állami Számvevőszék végzi.

CHAPTER 4

Islamic Community of Hungary

Balázs Schanda and Ferenc Petruska

In Hungary, Muslims constitute a religious and ethnic minority in a mostly Christian country. Islamic community members come from a wide variety of racial, linguistic and cultural origins and belong to a wide variety of institutions.[1] The Muslim population in Hungary is progressively embracing social media, as is evidenced by an increase in the adoption of smartphones and digital platforms for community coordination and communication. The Islamic community in Hungary has made substantial efforts to facilitate the enhanced integration of its constituents into Hungarian society. These efforts include hosting cultural events, providing language and cultural classes, and working together with the majority of the population. Different Muslims have various perspectives on how Islam should be practised. Some people adhere strictly to religious rituals. Others adopt a more flexible and relaxed approach.[2]

Based on a comprehensive survey conducted in 2010, the Muslim populace in Hungary is estimated at approximately 32,000 individuals. Over half of them identify as Arabs, and over 10 % of Muslims in Hungary are students, generally living in Hungary for between three and eight years.[3] The number of Muslim asylum applicants in Hungary is relatively modest.[4] The country's Muslim communities are generally not deemed susceptible to fundamentalist radicalisation (e.g. there were no reports of anyone from Hungary joining ISIS).[5]

1 *Jews and Christians in Medieval Europe: The Historiographical Legacy of Bernhard Blumenkranz*, ed. by Philippe Buc, Martha Keil, and John Victor Tolan (Turnhout: Brepols Publishers, 2016) (https://doi.org/10.1484/M.RELMIN-EB.5.108025).

2 Schanda, *Állami egyházjog—Vallásszabadság és vallási közösségek a mai magyar jogban*; Schanda, *Állami egyházjog—Vallásszabadság és vallási közösségek a mai magyar jogban*, pp. 12, 18–19, 38.

3 Emese Zsuzsanna Baranyi, 'Islam in Hungary—Marriage Habits of Muslims Living in Hungary', *Comparative Law Working Papers*, 5.2 (2021), p. 4.

4 'Magyarországra Érkezett Menedékkérők És a Nemzetközi Védelemben Részesülők Száma', *Központi Statisztikai Hivatal*, 2023 (https://www.ksh.hu/stadat_files/nep/hu/nep0026.html) accessed 12 August 2023.

5 United Nations High Commissioner for Refugees, 'Refworld | World Directory of Minorities and Indigenous Peoples—Hungary', *Refworld* (https://www.refworld.org/docid/4954ce69c.html) accessed 20 May 2023.

According to data provided by the Muslim community, the number of Muslims in Hungary may be considerably higher than the census estimates, ranging from 6,000 to 30–50,000. The Parliament recognises two Muslim communities. Most of their premises are former shops that have been converted into prayer houses. Both communities would be categorised as Sunni. The Hungarian Islamic Community emphasises its Hungarian identity, the historical connection between Islam and Hungary and visible philanthropic endeavours. In this manner, it attempts to facilitate the practice of Islam for all Muslims in the country. In 2003, a second Muslim community was established, but by 2012, it had ceased to exist and its leader had returned to Jordan.

The leading Muslim group in Hungary is the Hungarian Islamic Community. It was established in 1990 after the collapse of communism in Hungary and was officially Islam's representation in the country. Its influence on the country's religious and cultural life continues to increase. Sunni Muslims are represented by this organisation, which calls Budapest home. The mission of the community is to serve and strengthen Hungary's Muslim population. It also strives to foster mutual understanding and communication among Hungary's many religious groups. Religious groups may have varying degrees of official legitimacy. The Hungarian Islamic Community has been recognised by the highest level of government. It was officially registered in 1988 as the successor to the Islamic community that had been constituted by legislation in 1916. The Organisation of Muslims in Hungary is the second Muslim group, which was founded in 2000. It is a voluntary and community-based Muslim community. The few Hungarian Muslims scattered throughout Hungary make it challenging to maintain contact between members.[6]

2011. évi CCVI. törvény a lelkiismereti és vallásszabadság jogáról, valamint az egyházak, vallásfelekezetek és vallási közösségek jogállásáról

[…]

20. § (1) A jogi személyiséggel rendelkező vallási közösség saját belső szabálya, hitelvei és szertartási rendje szerint működik.
(2) A jogi személyiséggel rendelkező vallási közösség részt vállalhat a társadalom értékteremtő szolgálatában, ennek érdekében önmaga vagy e célra létrehozott intézménye útján olyan közcélú tevékenységet is ellát-

6 *Muslims of Post-Communist Eurasia*, ed. by Galina M. Yemelianova and Egdūnas Račius, Routledge Studies in Religion (London: Routledge, 2023).

hat, amelyet törvény nem tart fenn kizárólagosan az állam vagy annak intézménye számára.
(3) A közcélú tevékenységet az egyházi jogi személy, illetve a vallási egyesület közvetlenül vagy intézményei útján, vallási meggyőződésének megfelelően végzi, amire tekintettel a felvételhez és a foglalkoztatásra irányuló jogviszony létesítéséhez, fenntartásához és megszüntetéséhez a világnézeti elkötelezettség természete vagy tartalma miatt indokolt, annak megőrzéséhez és gyakorlásához szükséges és arányos feltételek határozhatók meg.
(4) Az Alaptörvény VIII. cikk (2) bekezdése vagy XII. cikk (1) bekezdése alapján létrejött szervezet által ellátott közcélú tevékenységet e célból létrehozott vagy már működő belső egyházi jogi személy az ilyen szervezet egyetemes jogutódjaként nem veheti át.
(5) A jogi személyiséggel rendelkező vallási közösség a polgári jogi jogviszonyokban korlátozás nélkül részt vehet, ennek keretében jogosult gazdasági társaságot és civil szervezetet létrehozni, azokban részt venni.
20/A. §(1) A jogi személyiséggel rendelkező vallási közösség elnevezése, jelképrendszere, szertartásrendje, valamint a köznyelvben meghonosodott neve fokozott jogvédelemben részesül.
(2) Más szervezet elnevezése vagy jelképe nem kelthet olyan benyomást, hogy a szervezet, illetve tevékenysége más, korábban nyilvántartásba vett vallási közösség működéséhez kapcsolódik.
(3) A jogi személyiséggel rendelkező vallási közösség elnevezését, jelképrendszerét és a köznyelvben meghonosodott elnevezését – a vallási közösség erre vonatkozó kifejezett írásbeli hozzájárulása nélkül – más nem használhatja. A kifejezett írásbeli hozzájárulás nélküli használatot jogosulatlan használatnak kell tekinteni.
20/B. § Ha az egyházi személy vagy a vallási egyesület vallásos szertartást hivatásszerűen végző tagja nem a jogi személyiséggel rendelkező vallási közösség más tagja számára végez szolgálatot vagy nyújt szolgáltatást, és akár közvetlen, akár közvetett módon a tevékenysége a jogi személyiséggel rendelkező vallási közösségével kapcsolatba hozható, köteles az adott jogi személyiséggel rendelkező vallási közösség nevét a szolgálat vagy szolgáltatás felajánlása előtt jól látható módon feltüntetni, illetve nyilvánvalóvá tenni.
20/C. §A jogi személyiséggel rendelkező vallási közösség – különösen a szertartások és a belső szabálya szerinti működés zavartalansága érdekében –, a templom és a vallásgyakorlásra rendelt más hely, valamint a temető fokozott szabálysértési és büntetőjogi védelemben részesül.

20/D. §A jogi személyiséggel rendelkező vallási közösség számára – jogszabályban meghatározott módon – biztosítani kell a jogszabálytervezetek és a jogalkotási koncepciók véleményezésének lehetőségét.
7/A. Az egyházi jogi személy működésének különös szabályai
21. §Közcélú tevékenységet ellátó egyházi jogi személynél az ilyen feladathoz kapcsolódóan foglalkoztatottak munkaviszonyának tartalma a munkabér, munkaidő és pihenőidő vonatkozásában a közalkalmazotti jogviszonyhoz igazodik azzal, hogy a foglalkoztatott javára történő eltérés megengedett. Az ilyen foglalkoztatottakra az állami vagy a helyi önkormányzati intézmények foglalkoztatottaira vonatkozó központi bérpolitikai intézkedések azonos feltételekkel terjednek ki.
22. § Az egyházi jogi személy jogszabályban meghatározott rendben végzett tábori lelkészi, valamint börtön- és kórházlelkészi szolgálatot vagy más szolgálatot végezhet.
23. § Az egyházi jogi személy az általa gyakorolt vallási tevékenységhez kapcsolódó személyes adatot a bejegyzett egyház, illetve a nyilvántartásba vett egyház belső szabálya szerint kezeli, azokat az érintett hozzájárulásával – halála esetén leszármazója hozzájárulásával – továbbíthatja vagy hozhatja nyilvánosságra.
23/A. § (1) A vallási egyesületre, mint a 9/A. § (2) bekezdése szerinti szervezetre vonatkozó támogatások és kedvezmények az egyházi jogi személyek esetében megfelelően alkalmazandók.
(2) Az egyházi jogi személy céljai megvalósítása érdekében jogosult gazdasági-vállalkozási tevékenységnek nem minősülő tevékenységet, valamint elsődlegesen végzett tevékenysége mellett gazdasági-vállalkozási tevékenységet – a 20. § (5) bekezdésében meghatározott kereteken túl is – folytatni.
(3) Az egyházi jogi személy vonatkozásában nem minősül gazdasági-vállalkozási tevékenységnek
a) a hitéleti és a 9. § (1) bekezdésében foglalt tevékenységet szolgáló intézmény működtetése,
b) a hitélethez szükséges kiadvány, kegytárgy előállítása, értékesítése,
c) a kizárólag hitéleti tevékenységet szolgáló immateriális jószág, tárgyi eszköz és készlet értékesítése, ideértve a liturgikus öltözet megtérítését is,
d) a hitéleti tevékenységhez kapcsolódó kiegészítő szolgáltatásnyújtás, az ilyen tevékenységet szolgáló eszköz nem nyereségszerzésre irányuló hasznosítása,
e) az egyházi személyek öngondoskodása céljára létrehozott nyugdíjintézet vagy nyugdíjalap működtetése, és

f) az egyházi jogi személy nevének, rövidített nevének, köznyelvben meghonosodott elnevezésének, címerének, illetve logójának más által történő használatához adott hozzájárulás.
(4) A (3) bekezdés szerinti tevékenység bevétele különösen
a) a szolgáltatás ellenértéke, díja, térítése,
b) a tevékenységhez kapcsolódó kártalanítás, kártérítés, kötbér, bánatpénz, bírság és adó visszatérítés,
c) a tevékenységhez kapcsolódóan visszafizetési kötelezettség nélkül kapott – pénzügyileg rendezett – támogatás, juttatás, és
d) a szabad pénzeszközök betétbe, értékpapírba elhelyezése után a hitelintézettől, az értékpapír kibocsátójától kapott kamatnak, osztaléknak, illetve az értékpapír hozamának olyan része, amelyet a gazdasági-vállalkozási tevékenységnek nem minősülő tevékenység bevétele az összes bevételben képvisel.
(5) A bevett egyházak és belső egyházi jogi személyeik vonatkozásában nem minősül továbbá gazdasági-vállalkozási tevékenységnek
a) sportintézmény működtetése, valamint a környezetvédelmi tevékenység folytatása,
b) az üdülő hasznosítása egyházi személy részére történő szolgáltatásnyújtás keretében,
c) az egyházi célra használt ingatlan részleges hasznosítása,
d) a temető fenntartása,
e) a környezetvédelmi tevékenységet vagy a 9. § (1) bekezdésében foglalt tevékenységet szolgáló immateriális jószág, tárgyi eszköz és készlet értékesítése,
f) a környezetvédelmi tevékenységhez és a 9. § (1) bekezdésében foglalt tevékenységet ellátó tevékenységhez kapcsolódó kiegészítő szolgáltatásnyújtás, az ilyen tevékenységet szolgáló eszköz nem nyereségszerzési célú hasznosítása, és
g) az államtól vagy a helyi önkormányzattól átvállalt közfeladat ellátása során létrehozott termék, jegyzet, tankönyv, kiadvány, tanulmány előállítása és értékesítése.

CHAPTER 5

Muslims in Integration Law

Ferenc Petruska

In Hungary, Muslims form a relatively small religious minority in a predominantly Christian country. Islamic community members can stem from diverse racial, linguistic and cultural backgrounds, affiliating with various establishments.[1] Furthermore, the number of Muslim asylum seekers in Hungary is comparatively limited, and thus it is not immediately necessary to enact intricate integration legislation.[2]

Immigrants without Hungarian citizenship comprise most of the Muslim population living in or travelling through Hungary.

The societal role and inclusion of religion as a separate and distinct subject are often addressed in the legislation[3] that is enacted in Hungary. As a direct consequence of this, several regulations govern the non-discriminatory and religiously inclusive principles of religious pluralism. Legal protection is not only for individual religious persons but also for groups.[4]

Alaptörvény
R) cikk
(4) Magyarország alkotmányos önazonosságának és keresztény kultúrájának védelme az állam minden szervének kötelessége.
VII. cikk
(1) Mindenkinek joga van a gondolat, a lelkiismeret és a vallás szabadságához. Ez a jog magában foglalja a vallás vagy más meggyőződés szabad megválasztását vagy megváltoztatását és azt a szabadságot, hogy vallását vagy más meggyőződését mindenki vallásos cselekmények, szertartások végzése útján vagy egyéb módon, akár egyénileg, akár másokkal együttesen, nyilvánosan vagy a magánéletben kinyilvánítsa vagy kinyilvánítását mellőzze, gyakorolja vagy tanítsa.

1 Maleiha Malik, *Muslim Legal Norms and the Integration of European Muslims*, 2009 (https://cadmus.eui.eu/handle/1814/11653) accessed 19 May 2023.

2 'Magyarországra Érkezett Menedékkérők És a Nemzetközi Védelemben Részesülők Száma'.

3 Article 7 of the Hungarian Fundamental Law, Hungarian ecclesiastical law and implementing decrees.

4 Balázs Schanda, 'Vallásszabadság az Európai Emberi Jogi Bíróság gyakorlatában', *Vallástudományi Szemle*, 7.2 (2021); Baranyi.

2011. évi CCVI. törvény a lelkiismereti és vallásszabadság jogáról, valamint az egyházak, vallásfelekezetek és vallási közösségek jogállásáról
1. § (1) A lelkiismereti és a vallásszabadság mindenkit megillető alapvető jog, amely nem köthető semmilyen jogi formához.
(2) A lelkiismereti és vallásszabadság joga magában foglalja a vallás vagy más meggyőződés szabad megválasztását vagy megváltoztatását és azt a szabadságot, hogy vallását vagy más meggyőződését mindenki vallásos cselekmények, szertartások végzése útján vagy egyéb módon, akár egyénileg, akár másokkal együttesen, nyilvánosan vagy a magánéletben kinyilvánítsa vagy kinyilvánítását mellőzze, gyakorolja vagy tanítsa.
(3) A lelkiismereti vagy vallási meggyőződés megválasztása, elfogadása, kinyilvánítása és megvallása, továbbá annak megváltoztatása, illetve gyakorlása miatt senkit előny vagy hátrány nem érhet.

CHAPTER 6

Mosques and Prayer Houses

Balázs Schanda and Ferenc Petruska

Religious communities can set up mosques and other institutions without special restrictions, though general limitations apply.[1]

Parliament recognises two Muslim communities (See Chapter Four for details). One of them runs two mosques in Budapest (Fehérvári Street 41 and Teleki Square 10 in the 11th and 8th districts) and one in each of the rural cities of Pécs and Szeged (Honvéd Square 6). The Pécs mosque is still under construction. Most of these facilities are former shops converted into prayer houses. Places of worship are exempted from local taxes (such as land taxes). In Hungary, mosques and prayer places ensure a secure and tranquil religious life, as no one has ever been injured in them. Mosque capacities are restricted. During Ramadan and on Fridays, the mosques in Hungary are full to the brim, but they offer sufficient room for the Islamic communities throughout the week.[2]

Special public subsidies have not yet been provided to Islamic communities, except in connection with the renovation of the 16th-century mosques of Siklós and Pécs. These monuments are under public ownership and serve as museums, though they occasionally (in Pécs every week) provide room for religious services.[3]

A Muslim community abandoned its plan to build a mosque in Budapest as residents protested against a possible increase in traffic in the neighbourhood.[4]

Places of worship, as well as cemeteries, enjoy special protection in criminal law.

The tiny and well dispersed Hungarian Muslim population seldom attends places of worship on weekdays. In addition to their religious activities, these mosques in Hungary provide various youth programmes and educational opportunities. In addition, they organise lectures, student gatherings and academic programmes. On so-called city walks, visitors are accompanied and directed through the mosques.[5]

1 Górak-Sosnowska.
2 'The Organisation of Muslims in Hungary'.
3 'The Organisation of Muslims in Hungary'.
4 'The Organisation of Muslims in Hungary'.
5 'The Organisation of Muslims in Hungary'.

1990. évi C. törvény a helyi adókról
[...]
3. §
(2) Adómentes valamennyi helyi adó alól – a (3) bekezdésben foglaltakra figyelemmel – az egyesület, az alapítvány [...]
(5) E törvény hatálya – a 34. §-ban foglaltak kivételével – nem terjed ki [...] az egyházi jogi személyre [...].

2011. évi CCVI. törvény a lelkiismereti és vallásszabadság jogáról, valamint az egyházak, vallásfelekezetek és vallási közösségek jogállásáról
20/C. § A jogi személyiséggel rendelkező vallási közösség – különösen a szertartások és a belső szabálya szerinti működés zavartalansága érdekében –, a templom és a vallásgyakorlásra rendelt más hely, valamint a temető fokozott szabálysértési és büntetőjogi védelemben részesül.
[...]
1997. évi LXXVIII. törvény az épített környezet alakításáról és védelméről
[...]
3. § (1) Az épített környezet alakítását és védelmét:
a) a jogszabályokkal összhangban álló településterv és építészeti-műszaki dokumentáció alapján,
b) a jogszabályokban előírt építészeti, településképi műszaki, biztonsági, egészségügyi, rendeltetési és használati, továbbá környezet- és természetvédelmi követelményekkel összhangban,
c) a humánus környezetre és az esztétikus kialakításra tekintettel, valamint
d) a résztvevők együttműködésével
kell megvalósítani.
(2) Az épített környezet alakítása és védelme során a közérdekű intézkedéseket és döntéseket megelőzően, illetőleg azok végrehajtása során biztosítani kell a nyilvánosságot és a közösségi ellenőrzés lehetőségét az e törvényben és más jogszabályokban meghatározott módon. Gondoskodni kell az érdekelt természetes személyek, jogi személyek és jogi személyiség nélküli szervezetek megfelelő tájékoztatásáról, és lehetőséget kell adni részükre véleménynyilvánításra és javaslattételre.
4. § (1) Az építésügy központi irányítása – a településrendezés tekintetében az arra vonatkozó országos szabályok és közérdekű követelmények megállapítása –, összehangolása és ellenőrzése az állam feladata.
(2) *
(3) A Kormány az építésügy – (1) bekezdésben megjelölt – központi feladatainak ellátása körében gondoskodik:

a) az épített környezet rendezett alakítását és védelmét biztosító – a nemzetközi előírásokkal összhangban álló – jogszabályok megállapításáról, továbbá azok folyamatos korszerűsítéséről,
b) az állami főépítészi, építésügyi és építésfelügyeleti hatósági intézményrendszer működtetéséről,
c) a nemzetközi egyezményekből adódó állami feladatok ellátásáról,
d) az országos kutatási, műszaki fejlesztési programok kialakításáról és érvényre juttatásáról.
(3a) A magyar történelem kiemelkedő jelentőségű helyszínein lévő, a nemzeti vagyonról szóló törvény szerint az állam kizárólagos tulajdonába tartozó építmények vagy nemzetgazdasági szempontból kiemelt jelentőségű nemzeti vagyonnak minősülő műemlékek és műemlékegyüttesek, valamint a nemzetgazdasági szempontból kiemelt jelentőségű beruházások megvalósításának gyorsításáról és egyszerűsítéséről szóló 2006. évi LIII. törvény szerint nemzetgazdasági szempontból kiemelt jelentőségű beruházás során építési tevékenységgel érintett telekre, valamint az országos jelentőségű kulturális és sport rendeltetésű építmények telkére, valamint az azok közvetlen környezetébe tartozó telkekre vonatkozóan az ott megvalósítandó közérdekű beruházás érdekében, valamint a nemzetbiztonsági célú építmények telkére vonatkozóan a Kormány rendeletben megállapíthatja a beépítés szabályait, az egyedi építési követelményeket és a területrendezési szabályokat.

CHAPTER 7

Burial and Cemeteries

Ferenc Petruska

The Muslim community in Hungary adheres to Islamic burial customs and regulations. Deceased Hungarian Muslims are buried at plot 124 of the New Public Cemetery (1108 Budapest, Kozma Street).[1] The departed's name is often not inscribed on Muslim graves, which are very restrained. Where feasible, autopsies need to be avoided. Islamic custom dictates that a foetus in a pregnancy older than six months must be named and, if stillborn, buried.[2]

For Muslims, burial is obligatory and must take place as soon as feasible, often within 24 hours. There are rituals, including the washing and wrapping of the corpse.[3]

Following the burial customs and regulations of the Muslim community in Hungary, the corpse is buried following family prayers and farewells. Before interment, the corpse must face east, and the cemetery location must be selected beforehand.[4]

In Islamic Muslim tradition, the cremation of the deceased is prohibited.[5]

The funeral customs and regulations of the Muslim community in Hungary are consistent with local legislation controlling burial processes and the use of burial grounds.[6] The utilisation of a coffin is obligatory.

Muslims differ from Christians in that they pray for the departed before burial. Typically, the imam performs the burial ceremonies near the tomb. After the prayers, the deceased is buried and covered with soil.[7]

---

1 'Kozma Utca Cemetery', 2023 (https://welovebudapest.com/en/venue/kozma-utca-cemetery) accessed 12 August 2023.

2 Schanda, *Állami egyházjog—Vallásszabadság és vallási közösségek a mai magyar jogban*, pp. 48, 118.

3 Omar Bagasra and Anisah Bagasra, 'Post-Mortem Practices in Muslim Populations: Guidance for Funeral Directors, Healthcare Practitioners, and Medical Examiners', in *Advances in Religious and Cultural Studies*, ed. by Anisah Bagasra and Mitchell Mackinem (Hershey PA: IGI Global, 2019), pp. 60–75 (https://doi.org/10.4018/978-1-7998-0018-7.ch004).

4 'The Organisation of Muslims in Hungary'.

5 Abu Mumin, Caroline Mawer, and Ahad Miah, 'Simple Acts of Kindness: Respectful Burials for Needy Muslims within a Holistic End of Life Service', in *Communities* (presented at the People, Partnerships and Potential, 16–18 November 2016, Liverpool, British Medical Journal Publishing Group, 2016), p. A18.1-A18 (https://doi.org/10.1136/bmjspcare-2016-001245.48).

6 'The Organisation of Muslims in Hungary'.

7 Bagasra and Bagasra.

1999. évi XLIII. törvény a temetőkről és a temetkezésről

Az Országgyűlés az elhunyt személyek emlékének méltó megőrzése és ápolása, a temetkezés közegészségügyi és kegyeleti rendeltetésének érvényesítése, valamint a temető és temetkezési kultúra fejlesztése érdekében a következő törvényt alkotja:

[...]

1. § (1) A tisztességes és méltó temetés, valamint a halottak nyughelye előtt a tiszteletadás joga mindenkit megillet.
(2) A végső nyughely megválasztásában és a temetés lebonyolításában az abban közreműködők és az eltemettetők, az elhunyt életében tett rendelkezésére figyelemmel kötelesek együttműködni.
(3) A temetés polgári szertartás vagy vallási közösség által vallásos szertartás keretében végezhető. A polgári szertartás rendjét az eltemettetők határozzák meg. A vallási közösség által végzett temetés a vallási közösség hitéleti tevékenységének, vallási szokásainak tiszteletben tartásával történik.
(4) E törvényben foglalt rendelkezéseket a nemzetiségek törvényben biztosított jogainak érvényesítésével kell végrehajtani.

[...]

35. § (1) Holttestet szállítani kizárólag a közegészségügyi és a járványügyi szabályokat és az alapvető kegyeleti feltételeket kielégítő, erre a célra kialakított járműben, fedéllel ellátott koporsóban (szállítókoporsóban) lehet.
(2) Rendkívüli halálesetekkel összefüggő halottszállításról külön jogszabály rendelkezik.
(3) * Holttestet temető, temetkezési emlékhely és hamvasztóüzem ingatlanán kívül halottszállító autóban március 1. és szeptember 30. között vagy 90 percnél hosszabb idejű szállítás esetében legfeljebb +18 °C-on lehet szállítani.

36. § (1) * Holttest külföldre történő szállításához—ha nemzetközi szerződés másként nem rendelkezik—a rendeltetési hely szerinti ország hatóságának, valamint az elhalálozás helye szerint egészségügyi államigazgatási szervnek az engedélye szükséges.
(2) Holttest külföldről Magyarországra való szállításához be kell szerezni a magyar külképviselet hatósági engedélyét, valamint az indító ország

közegészségügyi hatóságának szállítási engedélyét, továbbá a befogadó temető, illetve temetkezési hely nyilatkozatát.
(3) A nemzetközi halottszállítás egyéb feltételeit külön jogszabály tartalmazza.

[...]

38. § (1) * Ha a halottvizsgálati bizonyítvány szerint a holttest hamvasztható, a hamvasztást az ország területén működő bármely hamvasztóüzemben el lehet végezni. A hamvaszthatóságot tanúsító halottvizsgálati bizonyítványról az üzem másolatot készítve vagy a halottvizsgálati bizonyítvány elektronikus példányát az üzem a nyilvántartáshoz csatolva megőrzi.
(2) Magyarországon elhunyt külföldi személy, vagy más országban elhunyt és Magyarországra szállított külföldi személy elhamvasztásához az elhunyt állampolgársága szerinti ország külképviseletének, ennek hiányában az utolsó lakhelye szerint illetékes hatóság engedélye szükséges, ha nemzetközi szerződés másként nem rendelkezik.
(3) Hamvasztóüzem céljára felhasznált ingatlanon hagyományos sírhelyek, sírboltok nem létesíthetők, kivéve, ha az üzem temető területén létesült.
(4) Ismeretlen holttest nem hamvasztható el.

CHAPTER 8

Education and Schools

Balázs Schanda

1 Compulsory Education

The Fundamental Law provides special protection to parents in determining the religious education their children receive. However, a parent's religious conviction may not be a primary reason for keeping their child out of public education: Article XVI (3) of the Fundamental Law specifically states that the obligation to take care of minor children extends to providing schooling. Exemption from specific subjects (biology, co-educated physical education, swimming lessons) raises special questions. Although Hungarian case law has not yet been faced with these issues, the Educational Authority has allowed the application of special timetables (previously, notaries had allowed home-schooling), which is legally uncertain insofar as it is based only on the parents' religious needs.

Children and students have the right to participate in religious education (religion and ethics or optional religious studies). It is for the parents to decide on participation. There are no legislative provisions regarding any possible disputes either between the parents or between a parent and a child. General principles can be used to settle either of these possible conflicts. Parents have to come to an agreement between them on issues regarding their worldview. In no case does the state take a position on religious issues.

Headscarves have not yet become an issue in Hungary, but at present there is no dress code that would rule them out.

2 Religious Education

Churches have the right to provide religious education in public schools and kindergartens at the request of children/students and their parents.[1] Non-public schools are not obliged to provide religious education, but they may do so. Neutral public schools should not endorse any religion or ideology but must provide objective information about religions and philosophical convictions. Teachers at public schools should teach on a neutral basis; they have the right to express their opinions or beliefs, but they should not indoctrinate their students. Schools should provide fundamental information on ethics.[2]

Denominational religious education was compulsory in public schools until 1949. From the communist takeover, religious education became an optional subject, but elementary schools were formally obliged to ensure its availability. Due to a restrictive administrative practice and the systematic harassment of parents, by the 1980s only 4% of children received religious education at school—mostly in rural areas. From 1990 the obstacles to religious education were removed and the cooperation of schools and churches was reinforced to provide for adequate space and time for religious education, and in many areas schools have again become the place for religious education. Act IV/1990 reinforced the ability of children/students to participate in optional religious education and instruction organised by a legal church entity in state and council educational training institutions. Church entities could freely organise religious education and instruction in kindergartens at the request of parents and in schools and halls of residence at the request of parents and students. Religious education and instruction in kindergartens may have to be organised separately from other kindergarten activities, taking daily routines into account. They may also be organised in schools in conformity with the general curriculum. It has become the exclusive task of religious (church) legal entities to define the content of religious education and instruction, to employ and supervise religious education teachers and to carry out the administration related to religious education and instruction with special regard to the organisation of applications for it, the provision of progress reports and certificates and the supervision of lessons. The relevant school, hall of residence or kindergarten is obliged to provide the necessary material conditions for religious education and instruction using the tools available to it, with special consideration for the proper use of rooms and the necessary operational conditions. A kindergarten, school or hall of residence must co-operate with an interested religious (church) legal entity in the performance of tasks related to the optional religious education and instruction organised by that church.[1]

An important element of the changes made to the education system in 2012 was the introduction of ethics into the curriculum. Children participating in religious education in schools do not take part in the ethics classes. In other words, religious education became a compulsory elective subject instead of an optional one.[1] Religious education in public schools can be offered only by recognised churches and not by religious associations.[2]

Religious instruction in public schools is delivered by ecclesiastical entities, not by the school. The instruction is not part of the school curriculum; the teacher of religion is not a member of the school staff; grades are not given in school reports; participation alone is recorded. Religious communities decide freely on the content of the classes as well as on their supervision. Teachers of religion are in church employment. However, the state provides funding for the churches to pay the teachers. The school has to provide for classes on religion only at an appropriate time as well as teaching facilities. Churches are free to expound their beliefs during such classes; they do not have to restrict themselves to providing neutral education and merely giving information about religion, as public schools otherwise have to. Religious education is not part of a public school's task; it is a form of introduction to the life and doctrines of a given religious community at the request of students and parents.

3 Private Schools

Private schools are differentiated from church-run schools. They can make denominational religious education compulsory but can also reject religious education and enrol all their students in ethics classes. Parents pay for tuition in private schools if their owners do not enter into contractual arrangements with the state.[1]

2011. évi CXC. törvény a nemzeti köznevelésről

2. § (1) Az Alaptörvényben foglalt ingyenes és kötelező alapfokú, valamint ingyenes és mindenki számára hozzáférhető középfokú nevelés-oktatáshoz való jog biztosítása az érettségi megszerzéséig, a szakgimnáziumi, illetve a szakiskolai nevelés-oktatásban az Szkt. 3. § (1) bekezdés a) és b) pontjában meghatározottak szerint, a készségfejlesztő iskola tekintetében pedig az utolsó gyakorlati évfolyam befejezéséig az állam közszolgálati feladata. Ingyenes az iskolai rendszerű nevelésben-oktatásban való részvétel a halmozottan hátrányos helyzetű és a sajátos nevelési igényű tanuló részére.
(2) Az állami, települési önkormányzati fenntartású intézményekben, továbbá az állami feladatellátásban részt vevő más fenntartású intézményben az óvodai nevelés, az óvodai nevelést és az iskolai nevelés-oktatást kiegészítő pedagógiai szakszolgálatok igénybevétele, valamint a kollégiumi ellátás az ingyenes oktatásban részt vevő, e törvényben meghatározott feltételeknek megfelelő gyermekek, tanulók számára térítésmentes.
(3) Köznevelési intézményt
...
bb) az egyházi jogi személy,

bc) a vallási egyesület vagy

...

alapíthat és tarthat fenn, ha a tevékenység folytatásának jogát – jogszabályban foglaltak szerint – megszerezte.

23. Az egyházi köznevelési intézmény és a magán köznevelési intézmény működésére, valamint az állami nevelési-oktatási intézményekben megszervezhető hit- és erkölcsoktatásra vonatkozó sajátos szabályok

31. § (1) Az egyházi köznevelési intézmények és a magán köznevelési intézmények az e törvényben foglalt, az általánostól eltérő szabályok szerint működhetnek és szervezhetik tevékenységüket.
(2) Ha a nevelési-oktatási intézményt a 2. § (3) bekezdés b) pontjában meghatározott személy tartja fenn:
a) a nevelési-oktatási intézmény vallási, világnézeti tekintetben elkötelezett intézményként működhet, és ennek megfelelően a gyermekek vagy a tanulók felvételének előfeltételeként kikötheti valamely vallás, világnézet elfogadását, és ezt felvételi eljárás keretében vizsgálhatja,
b) nem kell alkalmazni a gyermekek, tanulók felvételével kapcsolatos rendelkezések közül a kötelező felvételre vonatkozó rendelkezéseket, valamint az osztály-, csoportlétszámokat meghatározó rendelkezéseket a maximális létszámra vonatkozó rendelkezések kivételével,
c) az óvodai, iskolai, kollégiumi felvétel, továbbá az óvodai elhelyezés, a tanulói jogviszony, a kollégiumi tagsági viszony fenntartása – írásbeli megállapodásban – fizetési kötelezettséghez köthető, az óvodai elhelyezés, a tanulói jogviszony és a kollégiumi tagsági viszony megszüntetésével kapcsolatosan – írásbeli megállapodásban – az 53. § (1)–(10) bekezdésében foglaltaktól el lehet térni,
d) a fenntartó pályáztatás és további eljárás nélkül is adhat intézményvezetői megbízást, nem kell alkalmazni a 67. § (7) bekezdésében foglaltakat,
e) a nevelési-oktatási intézmény – a fenntartó, óvoda esetében a települési önkormányzattal, más köznevelési intézmény esetében a köznevelésért felelős miniszterrel kötött írásbeli szerződés (a továbbiakban: köznevelési szerződés) alapján – részt vehet az e törvényben meghatározott köznevelési közszolgálati feladatok megvalósításában,
f) nem kell alkalmazni a 73. § (4) bekezdését.
(2a) Nem kell alkalmazni a (2) bekezdés a), c) és d) pontjában foglaltakat a nemzetiségi önkormányzati fenntartó esetében.
(3) Ha a pedagógiai szakszolgálati intézményt vagy a pedagógiai-szakmai szolgáltató intézményt nem állami szerv, nem települési önkormányzat

tartja fenn, a köznevelésért felelős miniszter köthet a fenntartóval köznevelési szerződést.
(4) A köznevelési szerződés keretei között a nevelés és oktatás a gyermekek, tanulók számára térítésmentessé válik, továbbá a gyermekek, tanulók felvételére alkalmazni kell azokat a szabályokat, amelyek az állami, települési önkormányzati nevelési-oktatási intézményekre vonatkoznak, és nem lehet alkalmazni a (2) bekezdés c) pontjában foglaltakat.

32. § (1) Ha a nevelési-oktatási intézményt egyházi jogi személy vagy a vallási egyesület tartja fenn:
a) a pedagógusok és egyéb munkavállalók alkalmazása során világnézeti és hitéleti szempontokat érvényesíthet, alkalmazási feltételként írhat elő,
b) az intézményvezető-helyettesek megbízása során a fenntartó egyetértési jogot gyakorol,
c) a fenntartó az iskola számára előírhatja valamely – a köznevelésért felelős miniszter által kiadott – kerettanterv választását és meghatározhatja az intézményben használható tankönyveket, taneszközöket,
d) pedagógiai programjába beépítheti a vallási, világnézeti elkötelezettségnek megfelelő ismereteket, helyi tantervébe a jogi személyiséggel rendelkező vallási közösség tanításának megfelelő tartalmú hitoktatást építhet be,
e) korlátozhatja, kizárhatja a 63. § (1) bekezdés d) pontjában szabályozott jog gyakorlását,
f) SZMSZ-ében és házirendjében a jogi személyiséggel rendelkező vallási közösség tanításával összefüggő viselkedési és megjelenési szabályokat, kötelességeket, jogokat és hitéleti tevékenységet írhat elő,
g) az f) pont szerint meghatározott kötelességek megszegése, elmulasztása miatt a gyermek, tanuló és a pedagógus ellen fegyelmi eljárás indítható,
h) és az iskola tananyagában a hittan mint tantárgy szerepel, az állami intézményekre megállapított pedagóguslétszámon felül alkalmazott hitoktatónak, hittantanárnak egyházi felsőoktatási intézményben vagy a vallási egyesület által fenntartott felsőoktatási intézményben szerzett hitoktatói, hittantanári vagy a hitélettel kapcsolatos felsőfokú képesítéssel vagy pedagógus szakképzettséggel és az egyházi jogi személy által kibocsátott hitoktatói képesítéssel, továbbá az egyház belső szabálya alapján illetékes egyházi jogi személy vagy a vallási egyesület általi megbízással kell rendelkeznie,
i) a nevelési-oktatási intézmény SZMSZ-e, házirendje, valamint a nevelési-oktatási intézmény pedagógiai programja a fenntartó jóváhagyásával válik érvényessé,

j) az etika tantárgy hittan tantárggyal kiváltható, amennyiben az iskola pedagógiai programja a hittan tantárgy vonatkozásában tartalmazza a Nat-ban az etikára meghatározott fejlesztési követelményeket és tartalmakat.

(2) Ha a jogi személyiséggel rendelkező vallási közösség a Kormánnyal a köznevelési feladatok ellátására is kiterjedő megállapodást kötött, a nevelési-oktatási intézmény székhelye szerint illetékes köznevelési feladatokat ellátó hatóság, óvoda esetén a települési önkormányzat részére megküldött egyoldalú nyilatkozatával vállalja az állami, önkormányzati feladatellátásban való közreműködést, valamint kötelezettséget vállal a tanulók felzárkóztatására vonatkozó feladatok ellátására. A Magyar Katolikus Egyház az egyoldalú nyilatkozat megtételére nemzetközi szerződés alapján jogosult. Az egyoldalú nyilatkozat megtételére a belső egyházi jogi személy is jogosult.

(3) A nyilatkozatnak az alábbiakat kell tartalmaznia:

a) a nevelési és oktatási feladatokat,

b) a felvehető gyermekek, tanulók számát,

c) az óvodai nevelési feladatokban, a tankötelezettség teljesítésével és az iskolai nevelés-oktatással összefüggő feladatokban való részvételt,

d) azt az időszakot, amelyre a feladatellátásban való részvételt vállalta.

33. § (1) Ha az egyházi köznevelési intézmény vagy a magán köznevelési intézmény fenntartója a települési önkormányzattal, a köznevelésért felelős miniszterrel kötött köznevelési szerződés vagy egyoldalú nyilatkozat alapján működési támogatásra válik jogosulttá, a fenntartásában működő óvoda, általános iskola részt vesz a kötelező felvételt biztosító óvoda, iskola feladatainak ellátásában. Ennek során felvételi körzetnek kell tekinteni azt a települést, fővárosban azt a kerületet, amelyben az óvoda, az általános iskola székhelye, telephelye található. Az egyházi köznevelési intézmény vagy a magán köznevelési intézmény fenntartója óvoda esetében a települési önkormányzattal, egyéb alapfeladat esetében a köznevelési feladatokat ellátó hatósággal közösen a hivatal és a területileg illetékes tankerületi központ véleményének kikérésével meghatározza azt a gyermek-, valamint tanulói létszámot, amelynek felvételét az óvoda, az általános iskola nem tagadhatja meg. Ez a létszám nem lehet kevesebb, mint az óvoda, az általános iskola alapító okiratában – az adott feladatellátási helyre – meghatározott felvehető maximális gyermek-, tanulói létszám huszonöt százaléka.

(2) Ha a településen csak egy óvoda vagy általános iskola működik, akkor köteles felvenni a településen lakóhellyel, ennek hiányában tartózkodási hellyel rendelkező óvodai nevelésben részt venni köteles gyermekeket

és tanköteles tanulókat, feltéve, hogy fenntartója egyoldalú nyilatkozatot tett vagy köznevelési szerződést kötött.
(3) Az (1) bekezdésben megállapított kötelezettség nem érinti a kötelező felvételt biztosító óvoda, iskola felvételi kötelezettségeit.
(4) Ha a nevelési-oktatási intézmény nemzetiségi óvodai nevelésben, iskolai nevelés-oktatásban vesz részt, a (1) bekezdésben meghatározottak nem érintik a nemzetiségi nevelést és oktatást, a nemzetiséghez tartozó gyermekekkel, tanulókkal kapcsolatos előnyben részesítési kötelezettséget. Az egyházi köznevelési intézmény és a magán köznevelési intézmény tekintetében a (1) bekezdésben megállapított kötelezettség csak akkor érvényesíthető, ha az nem ütközik a 31. § (2) bekezdés a) pontjában meghatározott jogosultsággal.
(5) A köznevelési feladatokat ellátó hatóság kezdeményezi a működési támogatás folyósításának felfüggesztését a köznevelésért felelős miniszternél, ha a nevelési-oktatási intézmény a (1) bekezdésben meghatározott kötelezettségének nem tett eleget. E rendelkezést nem lehet alkalmazni, ha a nevelési-oktatási intézmény a kötelezettségének megfelelő számú jelentkező hiányában nem tudott eleget tenni.
(6) A felsőoktatási intézmények által fenntartott óvodák, általános iskolák – a (1) bekezdésben meghatározottak szerint – részt vesznek a kötelező felvételi feladatok ellátásában.
34. § (1) A köznevelési feladatokat ellátó hatóság elkészíti és vezeti az egyházi, magán köznevelési intézmények és a nemzetiségi önkormányzatok által fenntartott köznevelési intézmények jegyzékét.
(2) A köznevelési feladatokat ellátó hatóság legalább kétévente végzi az egyházi, magán köznevelési intézmény és a nemzetiségi önkormányzatok által fenntartott köznevelési intézmény fenntartói tevékenységének törvényességi ellenőrzését, amelynek eredményéről értesíti a költségvetési hozzájárulást folyósító szervet. A köznevelési feladatokat ellátó hatóság a törvényességi ellenőrzés keretében vizsgálja, hogy a fenntartó a nevelési-oktatási intézményt az alapító okiratban és a működéshez szükséges engedélyben meghatározottak szerint működteti-e.
(3) A köznevelési feladatokat ellátó hatóság a törvényességi ellenőrzés körében – megfelelő határidő biztosításával – felhívja a fenntartót a törvénysértés megszüntetésére. Ha a fenntartó a megadott határidőn belül nem intézkedett, a köznevelési feladatokat ellátó hatóság a köznevelési intézményt törli a nyilvántartásból.
(4) A köznevelési feladatokat ellátó hatóság törvényességi ellenőrzési eljárására az általános közigazgatási rendtartásról szóló törvény hatósági ellenőrzésre vonatkozó szabályait kell megfelelően alkalmazni.

34/A. § Ha az egyenlő bánásmódról és az esélyegyenlőség előmozdításáról szóló 2003. évi CXXV. törvény 28. § (2)–(2b) bekezdése alapján olyan nevelési-oktatási intézmény, osztály vagy óvodai csoport jön létre, amely egyidejűleg nyújt vallási vagy más világnézeti meggyőződésen alapuló és nemzetiségi nevelés-oktatást, annak egyidejűleg meg kell felelnie a kifejezetten a vallási vagy más világnézeti meggyőződésen alapuló és a nemzetiségi nevelés-oktatásra e törvényben és a nemzetiségek jogairól szóló törvényben előírt feltételeknek.
35. § (1) Az állam, a települési önkormányzat vagy a nemzetiségi önkormányzat által fenntartott nevelési-oktatási intézményben a szülő, tanuló kérésére szervezett és nem a kötelező tanórai foglalkozások részét képező hitoktatást (a továbbiakban: fakultatív hitoktatás) egyházi jogi személy, az etikaóra helyett választható hit- és erkölcstanoktatást bevett egyház, illetve belső egyházi jogi személye szervezhet az e törvényben meghatározott keretek között.
(2) A fakultatív hitoktatás az óvodában az óvodai foglalkozásoktól elkülönítve, az óvodai életrendet figyelembe véve – a nyitvatartási időn belül, de nevelési időnek nem minősülő időkeretben –, az iskolában a kötelező tanórai foglalkozások rendjéhez, a kollégiumban pedig a kollégiumi foglalkozások rendjéhez illeszkedően szervezhető.
(3) A hit- és erkölcstan óra az iskolában a tanórai foglalkozások rendjéhez illeszkedik.
(4) A nevelési-oktatási intézmény és az egyházi jogi személy a fakultatív hitoktatással, a nevelési-oktatási intézmény és a bevett egyház, illetve belső egyházi jogi személye a hit- és erkölcstanoktatással kapcsolatos feladatok ellátása során egymással kölcsönösen együttműködik.
35/A. § Az állami iskola 1–8. évfolyamán az etikaóra vagy az ehelyett választható, a bevett egyház, illetve belső egyházi jogi személye által szervezett hit- és erkölcstan óra a kötelező tanórai foglalkozások része.
35/B. § (1) A fakultatív hitoktatásnál az egyházi jogi személynek, a hit- és erkölcstanoktatásnál a bevett egyháznak, illetve belső egyházi jogi személyének a feladata a hit- és erkölcstanoktatás megszervezése, ennek keretében különösen*
a) a fakultatív hitoktatás és a hit- és erkölcstanoktatás tartalmának meghatározása,
b) a fakultatív hitoktatásra és – jogszabályban meghatározottak szerint az állami fenntartású iskolával közösen – a hit- és erkölcstanoktatásra való jelentkezés lebonyolítása,
c) a fakultatív hitoktatásban és a hit- és erkölcstanoktatásban közreműködő személy alkalmazása és ellenőrzése és

d) a foglalkozások ellenőrzése.

(2) Az óvoda és a kollégium a fakultatív hitoktatáshoz, az iskola a fakultatív hitoktatáshoz és a hit- és erkölcstanoktatáshoz szükséges tárgyi feltételeket – így különösen a helyiségek rendeltetésszerű használatát, valamint a jelentkezéshez és működéshez szükséges feltételeket – az intézményben rendelkezésre álló eszközökkel biztosítja.

(3) Az egyházi jogi személy által foglalkoztatott, fakultatív hitoktatásban, illetve a bevett egyház és azok belső egyházi jogi személyei által foglalkoztatott, hit- és erkölcstanoktatásban közreműködő személynek a 32. § (1) bekezdés h) pontjában meghatározott feltételeknek kell megfelelnie. A bevett egyház és azok belső egyházi jogi személyei által polgári jogi jogviszony keretében foglalkoztatott hit- és erkölcstanoktatónak meg kell felelnie a 66. § (1) bekezdés b) pontjában előírt feltételeknek, amely tényt a polgári jogi jogviszony létesítésekor az érintett személy hatósági bizonyítvánnyal igazolja.

(4) A 64. § (4a) bekezdése szempontjából pedagógus szakképzettséggel rendelkezőnek tekintendő

a) a bevett egyház és annak belső egyházi jogi személyei által munkaviszonyban foglalkoztatott hit- és erkölcstanoktatásban közreműködő, továbbá

b) az egyházi jogi személy vagy annak belső egyházi jogi személye által fenntartott iskolában nem a saját felekezetnek megfelelő hittant oktató, a 32. § (1) bekezdés h) pontjában foglalt feltételeknek megfelelő személy.

CHAPTER 9

Further and Higher (Tertiary) Education

Balázs Schanda

1 Training of Teachers for Islamic Religious Education

In Hungary, no course for the training of teachers of Islamic religious education has been introduced. It has to be noted that such a course would be possible only at an institution run by the respective religious community.

2 Islamic Religious Education Training at Universities

Public universities in Hungary have no right to provide courses in religion, but they can provide courses on religion. A great variety of religions other than mainstream Christian denominations and Judaism have set up accredited theological institutions in Hungary, e.g. the Dharma Gate Buddhist College Buddhist and the Vaishnava College run by ISKCON Hungary. The Islamic communities have not set up a university or college; Islamic studies would be part of religious studies if they did.

3 Imam Training in Public Tertiary Education

There is no imam training in public tertiary education in Hungary. Due to the Hungarian interpretation of the constitutional separation of religious entities from the state, no clergy of any religion received theological training at public institutions. Theology can be taught only at institutions maintained by the respective religious community.

4 Law on Private Universities

Private entities (including religious associations) have the right to set up higher education institutions (universities or colleges). Institutions, as well as courses, need to be accredited to be acknowledged by public entities. It is to be noted that institutions run by religious entities do not qualify as private institutions but enjoy a *sui generis* legal status.

2011. évi CCIV. törvény a nemzeti felsőoktatásról

[...]

91. § (1) Hitélettel és a hitélettel együtt oktatott hittudománnyal összefüggő képzést (a továbbiakban együtt: hitéleti képzés) az egyházi felsőoktatási intézmény folytathat.

(2) Az egyházi felsőoktatási intézmények e törvény általános rendelkezései szerint nem hitéleti képzést is folytathatnak.

(3) Az egyházi felsőoktatási intézményben

a) a foglalkoztatási jogviszony létesítésénél az egyenlő bánásmódról szóló törvény 22. §-ában foglalt keretek között foglalkoztatási feltételek határozhatók meg,

b) a jelentkezők között különbséget lehet tenni vallási, világnézeti meggyőződés alapján, amennyiben az a felsőoktatási intézmény szervezeti jellegét alapvetően meghatározó szellemiségből közvetlenül adódó, az adott oktatási tevékenység tartalma vagy természete miatt indokolt, arányos és valós követelményen alapul,

c) a fenntartó a munkáltatói jogok gyakorlásában, a vagyoni, gazdálkodási feladatokban a 13. § (2)–(3) bekezdésében foglaltaktól eltérően rendelkezhet,

d) nem kell alkalmazni a 38. § (2) bekezdésének rendelkezéseit.

(4) Hitéleti képzést folytató felsőoktatási intézmény – a 6. § (2) bekezdésben, a 9. § (3) bekezdésben foglaltaktól eltérően – az egyetem elnevezést akkor is használhatja, ha egy képzési területen jogosult mesterképzés folytatására, valamint legalább egy tudományterületen vagy művészeti területen doktori képzésre és doktori fokozat odaítélésére.

(5) A hitéleti képzést folytató felsőoktatási intézmény – a 6. § (2) bekezdésben foglaltaktól eltérően – állami elismerést kaphat és a főiskola elnevezést akkor is használhatja, ha egy képzési területen egy szakon jogosult alapképzés folytatására.

(6) A hitéleti képzés tartalmának meghatározása, a képzésben részt vevő oktatókkal, tanárokkal kapcsolatos követelmények meghatározása az egyházi felsőoktatási intézmény joga.

(7) A hitéleti képzés tekintetében a 6. § (5) bekezdés a) pontjában szabályozott eljárásban csak azt kell vizsgálni, hogy biztosítottak-e a képzés tárgyi feltételei. A felsőoktatási intézmény határozza meg továbbá a felvételi eljárás rendjét és – az érettségi vizsga meglététét kivéve – a felvétel követelményeit.

[...]

94. § (1) A 4. § (1) bekezdés c)–d) pontjában meghatározott személy, szervezet által fenntartott felsőoktatási intézmény vallási, illetve világnézeti tekintetben elkötelezett intézményként is működhet, és a képzési programjába beépítheti a vallási, világnézeti elkötelezettségnek megfelelő filozófiai, etikai, kulturális ismereteket.
(1a) A vallási egyesület által fenntartott magán felsőoktatási intézmény is folytathat hitéleti képzést, amelyre a 91. § (6) és (7) bekezdését, a 92. § (6) bekezdését és a 93. § (1) és (4) bekezdését alkalmazni kell. Ahol e törvény munkaviszonyt említ, azon a magán felsőoktatási intézmény hitéleti képzésén foglalkoztatottak esetén a vallási egyesület vallásos szertartást hivatásszerűen végző tagjának ilyen jogviszonyát is érteni kell.

[…]

CHAPTER 10

Islamic Chaplaincy in Public Institutions

Balázs Schanda

The exercise of religion should be facilitated at various institutions where people in difficult circumstances may have a special need for religious assistance.

The mainstream religious communities (the Catholic Church, the Reformed Church, the Lutheran Church and the Jewish Communities) have organised, and the state has sponsored chaplaincy services to prisons and to the army. Other religious communities also enjoy access to penitentiaries and hospitals. There are no organised Islamic chaplaincies in public institutions like prisons, hospitals or the army, but representatives of Islamic communities are welcome in penitentiaries where the number of Muslim inmates originating from various countries is rising.

Hospitals help religious personnel to visit patients who request assistance without any distinction as regards religion.

2011. évi CCVI. törvény a lelkiismereti és vallásszabadság jogáról, valamint az egyházak, vallásfelekezetek és vallási közösségek jogállásáról

[…]

3. § (1) A lelkiismereti és vallásszabadság gyakorlását az oktatási, egészségügyi, szociális, család-, gyermek- és ifjúságvédelmi intézményben ellátott, valamint a büntetés-végrehajtási intézetben fogva tartott számára egyéni és közösségi szinten is lehetővé kell tenni.

[…]

22. § Az egyházi jogi személy jogszabályban meghatározott rendben végzett tábori lelkészi, valamint börtön- és kórházlelkészi szolgálatot vagy más szolgálatot végezhet.

8/2017. (VI. 13.) IM rendelet a börtönlelkészi szolgálatról és a börtönmissziós tevékenységről

[…]

9. § (1) A bv. intézet parancsnoka biztosítja, hogy a börtönlelkészi szolgálatot nem végző vallási közösségek tekintetében is érvényesülhessen az elítéltek és az egyéb jogcímen fogvatartottak vallásgyakorláshoz való joga.
(2) Az (1) bekezdésben meghatározottak megvalósulása érdekében a rendvédelmi igazgatási alkalmazotti státuszú börtönlelkész
a) az elítélt vagy az egyéb jogcímen fogvatartott, illetve a vallási közösség ilyen irányú kezdeményezését jelzi a bv. intézet parancsnokának,
b) szükség esetén felveszi a kapcsolatot az adott vallási közösséggel,
c) koordinációs feladatokat lát el a vallási szertartás és egyéni lelki gondozás megszervezésében, valamint az elítélt és az egyéb jogcímen fogvatartott vallásgyakorlás körébe tartozó kérelmének, illetve panaszának az elintézésében.
(3) Az (1) bekezdésben meghatározottak megvalósulása érdekében a bv. intézet parancsnoka megfelelő helyiséget biztosít a vallási szertartás, az egyéni lelki gondozás és igény szerint egyéb vallási foglalkozás céljára. A vallási szertartás, az egyéni lelki gondozás és az egyéb vallási foglalkozás a bv. intézet parancsnokával előre egyeztetett időpontban tartható meg.
(4) A vallási közösség vallásos irodalmat és vallási kegytárgyakat bocsáthat az elítéltek és az egyéb jogcímen fogvatartottak rendelkezésére.
10. § (1) A bv. szervezet elősegíti, hogy a jogi személyiséggel rendelkező vallási közösségek a bv. intézetekben börtönmissziós tevékenységet végezzenek.
E célból a börtönmissziós tevékenységet végző jogi személyiséggel rendelkező vallási közösséggel (a továbbiakban: börtönmissziós tevékenységet végző vallási közösség), illetve e vallási közösség ilyen megbízással rendelkező szervezetével
a) több bv. intézetre kiterjedően az országos parancsnok,
b) adott bv. intézet vonatkozásában a bv. intézet parancsnoka
együttműködési megállapodást köthet.

CHAPTER 11

Employment and Social Law

Ferenc Petruska

Hungary is a full member of the European Union. In accordance with employment regulations laid down by the European Union, individuals possessing European Economic Area and Swiss citizenship are afforded the prerogative of taking up employment in Hungary without having to obtain specific work permits. Others are required to obtain work permits in order to engage in employment within Hungary. Work permits necessitate adherence to registration and reporting obligations. The results of the permit procedures' also depend on the importance of the task assigned to the foreign worker.[1]

The imposition of employment restrictions in Hungary often revolves around foreign workers' nationality and legal status. The employment arrangement in question, such as the employment relationship or contractual agreement, as well as the employment's duration, particularly if it extends beyond 90 days, are also factors to be considered in considering applications. The ability to employ Muslim clerics in Hungary without the need for work permits is a significant advantage in normal circumstances. This regulation is also applicable to Muslim clerics arriving from non-European countries.[2]

It may be necessary for foreign contractors to undergo registration and submit a declaration in advance. Foreign employers are obligated to comply with various regulations on employment. In Hungary, it is mandatory for enterprises that are owned by foreign entities to adhere to regulations regarding a minimum wage and maximum working time.[3]

1 Savchuk Sergiy, 'International Legal Regulation of Non-Standard Forms of Employment', *Yearly Journal of Scientific Articles "Pravova Derzhava"*, 31, 2020, pp. 522–532 (https://doi.org/10.33663/0000-0002-3162-2369); Rojens Yves, 'Migrant Workers and European Social Law: Of a Respectable Age or Time for a Rebirth?', 103 (2018), pp. 233–246 (https://typeset.io/papers/migrant-workers-and-european-social-law-of-a-respectable-age-4g2lwwnslb) accessed 12 August 2023.

2 Government Decree 445/2013 (XI. 28.) on authorising the employment of third-country nationals in Hungary on the basis of a non-aggregated application procedure, on exemption from the obligation to obtain an authorisation, on the cooperation of the labour office of the metropolitan and county government in the aggregated application procedure, and on the notification of the employment of third-country nationals who are employed in Hungary without authorisation and on the repayment of wages.

3 Articles 4, 7, 26 and 26 of Act V of 2006 on company registration, court proceedings and winding-up.

Should the foreign labourer and their family opt to set up home in Hungary, adherence to the country's stipulated residency prerequisites becomes incumbent upon them. Within Hungary the provision of health insurance is legally mandated. Upon obtaining employment in Hungary, foreign workers are required to pay a health insurance premium, thereby facilitating their access to medical services.[4]

Foreign nationals in Hungary are eligible for social assistance. In order to be considered eligible, applicants are required to possess a legal residence and a valid tax identification number within the territory of Hungary.

Unemployed individuals from foreign jurisdictions residing within Hungary may potentially meet the eligibility criteria for unemployment benefits. To qualify for such benefits, individuals must undergo registration with the competent labour office and satisfy certain conditions, which include actively seeking employment. Furthermore, foreign nationals employed within Hungary are eligible to receive the Hungarian family allowance. Such foreign nationals also have the potential to qualify for a pension once they reach retirement age.[5]

2012. évi I. törvény a munka törvénykönyvéről

[...]

A munkaviszony alanyai

32. § A munkaviszony alanyai a munkáltató és a munkavállaló.

33. § Munkáltató az a jogképes személy, aki munkaszerződés alapján munkavállalót foglalkoztat.

34. § (1) Munkavállaló az a természetes személy, aki munkaszerződés alapján munkát végez.

(2) Munkavállaló az lehet, aki a tizenhatodik életévét betöltötte. Ettől eltérően munkavállaló lehet – az iskolai szünet alatt – az a tizenötödik életévét betöltött tanuló, aki nappali rendszerű képzés keretében tanulmányokat folytat.

(3) A gyámhatósághoz a foglalkoztatást megelőző legalább 15 nappal történő előzetes bejelentés alapján a jogszabályban meghatározott kulturális, művészeti, sport-, hirdetési tevékenység keretében a tizenhatodik életévét be nem töltött személy is foglalkoztatható.

[...]

4 Act LXXXIII of 1997 on compulsory health insurance benefits.

5 Act CXXII of 2019 on persons entitled to social security benefits and the coverage of such benefits.

42. § (1) A munkaviszony munkaszerződéssel jön létre.
(2) A munkaszerződés alapján
a) a munkavállaló köteles a munkáltató irányítása szerint munkát végezni,
b) a munkáltató köteles a munkavállalót foglalkoztatni és munkabért fizetni.
43. § (1) A munkaszerződés – jogszabály eltérő rendelkezése hiányában – a Második Részben foglaltaktól, valamint munkaviszonyra vonatkozó szabálytól a munkavállaló javára eltérhet.
(2) Az eltérést az egymással összefüggő rendelkezések összehasonlításával kell elbírálni.
(3) A felek munkaviszonyból származó jogaival és kötelezettségeivel kapcsolatos megállapodására a munkaszerződésre vonatkozó szabályokat a (4) bekezdésben foglalt eltéréssel kell alkalmazni.
(4) A (3) bekezdés szerinti megállapodást munkaviszonyra vonatkozó szabály rendelkezése esetén kell írásba foglalni.
44. § A munkaszerződést írásba kell foglalni. Az írásba foglalás elmulasztása miatt a munkaszerződés érvénytelenségére csak a munkavállaló – a munkába lépést követő harminc napon belül – hivatkozhat.

[...]

1997. évi LXXXIII. törvény a kötelező egészségbiztosítás ellátásairól
42/E. § (1) A 42/A. § (1) bekezdésében foglaltakon túl gyermekgondozási díjra jogosult az a szülő nő is,
a) aki az alábbi feltételek mindegyikének megfelel:
aa) a 42/A. § alapján gyermekgondozási díjra nem jogosult,
ab) a gyermeke születését megelőző két éven belül államilag elismert felsőoktatási intézményben a külföldi állampolgárok számára hirdetett, idegen nyelven folyó képzés kivételével teljes idejű képzésben legalább két félév aktív hallgatói jogviszonnyal rendelkezik azzal, hogy egy félévre csak egy aktív hallgatói jogviszony vehető figyelembe,
ac) a gyermeke az ab) alpont szerinti hallgatói jogviszony fennállása alatt vagy a hallgatói jogviszony szünetelését, illetve megszűnését követő 1 éven belül születik,
ad) a gyermeket saját háztartásában neveli,
ae) magyar állampolgár vagy másik EGT tagállam állampolgára, és
af) a gyermek születésének napján rendelkezik magyarországi bejelentett lakóhellyel; vagy
b) akinek

ba) gyermeke az a) pont alapján megállapított gyermekgondozási díj igénybevétele alatt, vagy annak megszűnését követő egy éven belül születik, és
bb) tekintetében az a) pont aa) és ad)-af) alpontjában meghatározottak fennállnak.
(2) Az (1) bekezdés alapján megállapított gyermekgondozási díj a gyermek születésének napjától a gyermek 2 éves koráig jár.
(3) Az (1) bekezdés szerinti gyermekgondozási díjra az (1) bekezdés szerinti jogosultsági feltételeknek megfelelő vér szerinti apa akkor jogosult, ha a szülő nő
a) meghal, vagy
b) az (1) bekezdés a) pont ab)-af) alpontjában vagy b) pont bb) alpontjában foglalt feltételek valamelyikének nem felel meg és a 42/A. § alapján gyermekgondozási díjra nem jogosult.
(4) A vér szerinti apa részére a gyermekgondozási díj a (2) bekezdésben meghatározott jogosultsági időből igénybe nem vett időszakra jár, de legfeljebb a gyermek 2 éves koráig.
(4a) A gyermek születését követő 169. napot megelőzően nem jár gyermekgondozási díj az (1) és (3) bekezdés alapján jogosult részére arra az időszakra, amikor bármilyen jogviszonyban – ide nem értve a nevelőszülői foglalkoztatási jogviszonyban végzett tevékenységet – keresőtevékenységet folytat.
(5) Az (1), illetve a (3) bekezdés alapján megállapított gyermekgondozási díj havi összege
a) a felsőfokú alapképzésben, felsőfokú szakképzésben vagy felsőoktatási szakképzésben, valamint a szakirányú továbbképzésben részt vevő hallgató esetén a jogosultság kezdő napján érvényes minimálbér,
b) a mesterképzésben, egységes, osztatlan képzésben vagy doktori képzésben részt vevő hallgató esetén a jogosultság kezdő napján érvényes garantált bérminimum 70 százaléka.
(6) Ha az (1), illetve a (3) bekezdés alapján gyermekgondozási díjra jogosult személy a gyermek születésének napján biztosított és a számítási időszakban rendelkezik legalább 120 naptári napi jövedelemmel, az ellátás összegét a 48. § (1) és (2) bekezdése alapján kell kiszámítani azzal, hogy az ellátás összege nem lehet kevesebb az (5) bekezdés a), illetve b) pontjában meghatározott összegnél, valamint nem lehet magasabb havonta a minimálbér kétszeresének 70 százalékánál.
(7) Ha az (1), illetve a (3) bekezdés alapján gyermekgondozási díjra jogosult biztosított a számítási időszakban nem rendelkezik legalább 120 naptári napi jövedelemmel, az ellátás naptári napi alapját a jogosultság kezdő

napján érvényes minimálbér kétszeresének harmincad része alapján kell megállapítani azzal, hogy ha a biztosított naptári napi jövedelme a minimálbér kétszeresének harmincad részét nem éri el, a gyermekgondozási díj összegének megállapításánál a biztosított tényleges jövedelmét kell figyelembe venni. Tényleges jövedelem hiányában a szerződés szerinti jövedelmet kell figyelembe venni. Az így megállapított gyermekgondozási díj összege nem lehet alacsonyabb az (5) bekezdésben meghatározott összegnél.

(8) Ha az (1) vagy a (3) bekezdés alapján gyermekgondozási díjra jogosult személy az (1) bekezdés a) pont ab) alpontja szerinti hallgatói jogviszony megszűnését követő 1 éven belül válik jogosulttá az ellátásra és az ellátás összege nem állapítható meg a (6) bekezdés alapján, a gyermekgondozási díj összegét az (5) bekezdés a) vagy b) pontja szerint kell megállapítani.

(9) Az (5)–(8) bekezdés alapján megállapított gyermekgondozási díj összegét a minimálbér, illetve a garantált bérminimum emelésének napjától számított 15 napon belül hivatalból felül kell vizsgálni, és a megemelt minimálbér, illetve garantált bérminimum figyelembevételével, – ha kormányrendelet korábbi időpontot nem állapít meg – az emelés napjára visszamenőlegesen újra meg kell állapítani.

(10) Az (1)–(9) bekezdés szerint megállapított gyermekgondozási díjra a 42/B-42/D. § rendelkezései közül azokat kell alkalmazni, amelyektől eltérő rendelkezést az (1)–(9) bekezdés nem tartalmaz.

[...]

2017. évi CL. törvény az adózás rendjéről

41. § [Külföldi illetőségű természetes személyek bejelentése]

(1) A jogi személy és egyéb szervezet az állami adó- és vámhatósághoz bejelenti azt a székhelyére, telephelyére az adóévben nem önálló tevékenység végzésére kirendelt, a tevékenység megkezdése, illetve – ha a munkavégzés céljából Magyarországra történő utazása ezt megelőzi – a beutazása előtti napon külföldi illetőségű természetes személyt,

a) akinek – a tevékenység megkezdésekor ismert körülmények alapján – az adóévben az Szja tv., illetve a rá vonatkozó kettős adóztatás elkerüléséről szóló egyezmény vagy viszonosság értelmében várhatóan személyi jövedelemadó-kötelezettsége keletkezik,

b) akinek a tevékenysége megkezdésekor ismert körülmények változása következtében az adóévben az Szja tv., illetve a rá vonatkozó kettős adóztatás elkerüléséről szóló egyezmény értelmében személyi jövedelemadó-kötelezettsége keletkezik.

(1a) A közfeladatot ellátó közérdekű vagyonkezelő alapítvány és a felsőoktatási intézmény az állami adó- és vámhatósághoz bejelenti azt a külföldi illetőségű természetes személyt, akinek a közfeladatot ellátó közérdekű vagyonkezelő alapítvánnyal vagy a felsőoktatási intézménnyel fennálló munkavégzésre irányuló jogviszonya alapján várhatóan személyi jövedelemadó-fizetési kötelezettsége keletkezik.
(2) Az (1) bekezdés a) pontja és az (1a) bekezdés esetében a tevékenység megkezdésétől számított harminc napon belül, az (1) bekezdés b) pontja esetében pedig a személyi jövedelemadó-kötelezettség keletkezését követő harminc napon belül kell a bejelentési kötelezettséget teljesíteni.
(3) Az (1) és (1a) bekezdésben előírt bejelentés tartalmazza:
a) a külföldi illetőségű természetes személy természetes személyazonosító adatait, lakcímét, állampolgárságát,
b) a munkavégzés megkezdésének időpontját,
c) a munkavégzésre megbízást adó külföldi szervezet vagy természetes személy nevét, székhelyét, telephelyét, illetve lakóhelyét.
(4) Az (1) bekezdésben, illetve az (1a) bekezdésben meghatározott személy az állami adó- és vámhatósághoz bejelenti a székhelyére, telephelyére nem önálló tevékenység végzésére kirendelt, illetve a közfeladatot ellátó közérdekű vagyonkezelő alapítvánnyal vagy a felsőoktatási intézménnyel fennálló munkavégzésre irányuló jogviszonyban álló külföldi illetőségű természetes személy munkavégzése befejezésének időpontját és – ha az adat a munkavégzéssel kapcsolatban rendelkezésére áll – Magyarország területe elhagyásának időpontját. A bejelentést a munkavégzés befejezése, illetve az ország területe elhagyása előtt harminc nappal kell megtenni. Ha a munkavégzés befejezésének időpontja a munkavégzésre irányuló jogviszony azonnali hatályú megszűnése miatt vagy más okból e határidőben nem áll a bejelentésre kötelezett rendelkezésére, akkor a bejelentést a munkavégzés befejezése napját követő napon az ok megjelölésével kell az állami adó- és vámhatósághoz teljesíteni.

CHAPTER 12

Islamic Slaughter and Food Regulation

Balázs Schanda

There are no special rules regarding Islamic rituals or those of any other specific religion with regard to slaughter.

Animal welfare has become a concern in Hungary. This rising concern, however, is sometimes prompted by industry rather than by the love of animals. The statute on animal protection provides for painless slaughter, but exceptions can be made in the case of religiously motivated ritual needs.[1]

The exemption on slaughter is not a privilege of the Jewish or Muslim communities; rather it is formulated in a neutral way, without mentioning any religion. Detailed regulations on slaughter following religious prescriptions are provided by a decree of the minister for agriculture. Slaughter has to be overseen by official veterinary surgeons and may be observed and controlled by the religious institution that has commissioned it (Decree No. 140/2012 (December 22) of the Minister of Rural Development on the Animal Welfare Rules for the Slaughter and Cutting of Animals). The food security agency issues licences for slaughterhouses and also supervises them. The procedure follows EU law (Council Directive 93/113/EC of 14 December 1993 concerning the use and marketing of enzymes, microorganisms and their preparations in animal nutrition).

There are no special rules for the import or export of kosher/halal food; the same provisions apply as to non-kosher food. The demand in Hungary for halal (or kosher) food is very limited. Data on imported halal/kosher food are not available. Kosher and halal food produced in Hungary is widely exported. In general, kosher/halal meat production is dominated by poultry and, to a lesser extent, sheep, whereas beef is less common. A list of certified halal producers for the Muslim community is available.[2] Whereas most halal restaurants are Turkish- or Arab-owned, the only connection to Muslims that most certified food factories have is as suppliers. Government-sponsored marketing of agricultural products lays great emphasis on exporting halal and kosher food from Hungary as there is seen to be a gap in the market.

1 Act No. XXVIII of 1998, Section 19(d) on the Protection and Humane Treatment of Animals.

2 www.magyariszlam.hu (last accessed on 22 March 2023).

Public institutions are bound by a soft obligation to provide halal or kosher food "as far as possible". Practice shows that prisons respect religious prescriptions—there is a functioning agreement between a Jewish community and the penitentiaries on delivering food. Practice also refers to respect for Ramadan and the religious obligations of Muslim inmates. In schools parents observing religious rules provide packed lunches. In hospitals halal or kosher food is provided by relatives or the relevant religious organisation.[3]

1998. évi XXVIII. törvény az állatok védelméről és kíméletéről

19. § Az állat vágására külön jogszabály eltérően rendelkezhet a következő esetekben:
[...]
d) rituális vágás.

24/2005. (III. 23.) FVM rendelet a vágóállatok levágásának és feldolgozásának Biztonsági Szabályzatáról
[...]
2. § A rendelet alkalmazásában:
[...]
16. Rituális vágás: egyes vallási előírások által megkövetelt különleges vágási módszer.
[...]
19. § (1) A munkáltatónak kell meghatározni és biztosítani a kényszervágás és a szarvasmarha rituális vágásának munkabiztonsági feltételeit.

140/2012. (XII. 22.) VM rendelet a vágóállatok leölésének és levágásának állatvédelmi szabályairól
[...]
2. § (1) Az egyes vallási előírások által megkövetelt különleges vágási módszereknek vágóhídon alávetett állatok esetén a levágás előtti kábításra vonatkozó előírásokat nem kell alkalmazni, amennyiben az eljárás azonnali teljes tudatvesztést és érzéketlenséget vagy halált okoz.
(2) Az (1) bekezdés szerinti vágást hatósági állatorvos felügyelete mellett kell elvégezni azzal, hogy az adott vallási szokásoknak megfelelő vágás speciális szabályainak alkalmazását az a vallási szervezet is felügyelheti és ellenőrizheti, amelynek megbízásából a vágás történik.

3 Schanda, *Állami egyházjog—Vallásszabadság és vallási közösségek a mai magyar jogban*, p. 119.

(3) Szarvasmarhák rituális vágása esetén a vágás előtt kötelező az állatok rögzítésének valamely mechanikus, az állatot az elkerülhető fájdalomtól, szenvedéstől, nyugtalanságtól, sérülésektől vagy zúzódásoktól megkímélő módját alkalmazni.
Az egyes vallási előírások által megkövetelt különleges vágási módszerek csak a járási hivatal engedélyének birtokában alkalmazhatók.
(5) A 1099/2009/EK tanácsi rendelet 13. cikk (3)–(4) bekezdései szerinti hatóság a Nemzeti Élelmiszerlánc-biztonsági Hivatal (a továbbiakban: NÉBIH). A NÉBIH által kidolgozott útmutató előírásait kell figyelembe venni a 2. § (4) bekezdése szerinti engedély kiadásakor.

CHAPTER 13

Islamic Goods and Services

Ferenc Petruska

Islamic goods and services can be accessed in Hungary. However, their availability varies according to geography and demand. These establishments provide cuisine originating from particular Muslim nations, such as Afghanistan and Turkey, among others, rather than encompassing a broader Islamic culinary (halal) spectrum. These stores offer an array of halal meats, spices and miscellaneous products. Turul Turkish Food and Meat Store (Budapest, Baross Street 109) and Troya Turkish Food Shop (Budapest, Népszínház Street 40) are the best known. Several other traditional food stores in Hungary have the confidence of the Islamic community.[1]

It is still possible in Hungary for people to find Islamic products and services despite the country's tiny Muslim population. Given the non-existence of an official state religion in Hungary, all religious entities are offered the scope to establish and conduct services, provided they comply with the nation's general statutes and ordinances. However, it is worth noting that halal food must conform to stipulated food safety and labelling regulations.[2]

The National Food Chain Safety Office (1024 Budapest, Keleti Károly Street. 24.) supervises food safety and guarantees that all food sold in the country complies with safety standards. Halal food manufacturers and importers must adhere to the same food safety regulations as other food producers nationwide. In Hungary, all businesses, including halal food stores and restaurants, must adhere to labour norms, tax laws and other legal requirements.[3]

2008. évi XLVI. törvény az élelmiszerláncról és hatósági felügyeletéről

[...]

1 'Turul Turkish Halal Meat and Grocery Store', *Near Place*, 2023 (https://hu.near-place.com/turul-turkish-halal-meat-and-grocery-store-budapest-baross-utca-109/en) accessed 12 August 2023; 'Troya Turkish Food Store Budapest', *Near Place*, 2023 (https://hu.near-place.com/troya-turkish-food-store-budapest-nepszinhaz-utca-40) accessed 12 August 2023.

2 'National Food Chain Safety Office', 2023 (https://portal.nebih.gov.hu/) accessed 12 August 2023.

3 'National Food Chain Safety Office'.

62. § (1) Élelmiszer-ellenőrzési bírságot kell kiszabni
a) az élelmiszer-biztonságra vonatkozó követelmények megsértése;
b) élelmiszer-minőségi előírásoknak való meg nem felelés;
c) fogyaszthatósági határidő lejárta utáni forgalomba hozatal;
d) a 15. § (2a) bekezdésében meghatározott eset kivételével—minőségmegőrzési határidő lejárta utáni forgalomba hozatal esetén;
e) a Magyar Élelmiszerkönyvi megnevezéseket jogellenesen használó élelmiszer forgalomba hozatala, vagy egyéb élelmiszer-jelölési előírásoknak való meg nem felelés esetén;
f) a 14/B. §-ban foglalt rendelkezés megsértése esetén;
g) a 22. § (2) bekezdése szerinti írásos dokumentáció hiánya esetén.
(2) Az élelmiszer-ellenőrzési bírságot a (4) bekezdésben foglalt kivétellel az (1) bekezdés a)-d) pontjában foglalt esetben a 14. § (2)–(5), (10) és (11) bekezdésében, az (1) bekezdés e) pontjában foglalt esetben az 1169/2011/EU rendelet 8. cikkében, illetve a 14. § (4) bekezdésében meghatározott felelőssel szemben kell kiszabni.
(3) Ha a (2) bekezdés szerinti felelős kilétét nem lehet megállapítani, a bírságot azzal szemben kell kiszabni, akinél a jogsértést megalapozó élelmiszert az élelmiszerlánc-felügyeleti szerv megtalálta.
(4) A zöldség-gyümölcs ellenőrzés során a bírságot a termék birtokosával—ide nem értve a végső fogyasztót—szemben kell kiszabni.

CHAPTER 14

Islamic Dress

Ferenc Petruska

In Hungary, foreigners and Muslims have the right to wear whatever they choose, but their clothing must adhere to the established standards of public decency and safety.[1]

There are no Hungarian regulations or legal constraints on wearing Islamic clothing, including the hijab or niqab. Notably, the burqa is a full-body-covering garment incorporating a mesh veil in front of the face, while the nikab denotes a facial shroud leaving only the eyes exposed. Such traditional attire is permitted.[2]

Article 9(2) of Act LV of 2018 on the Right of Assembly [Restrictions to ensure the peaceful nature of assembly] states, "[i]f it was not explicitly stated in the announcement, participants shall not wear protective equipment, uniforms or clothing that could be mistaken for them, nor shall they cover their faces."

The Hungarian government and society demonstrate a commitment to upholding religious freedom by recognising and accommodating the practice of wearing traditional and religious attire.

2018. évi LV. törvény a gyülekezési jogról

[...]

9. § [A gyűlés békés jellegét biztosító korlátozások]
(1) Tilos a gyűlésen – ideértve az oda eljutást, illetve az onnan távozást is –

a) lőfegyvert, lőszert, robbanóanyagot, robbantószert, robbanóanyag vagy robbantószer felhasználására szolgáló készüléket, a 67/548/EGK tanácsi irányelv 2. cikkének (2) bekezdésében meghatározott veszélyes anyagot vagy ezek utánzatát magánál tartva,
b) az élet kioltására, személyi sérülés vagy súlyos anyagi kár okozására alkalmas dologgal, vagy

1 Schanda, *Állami egyházjog—Vallásszabadság és vallási közösségek a mai magyar jogban*, p. 48.

2 H. Bielefeldt, 'Freedom of Religion or Belief—A Human Right under Pressure', *Oxford Journal of Law and Religion*, 1.1 (2012), pp. 15–35 (https://doi.org/10.1093/ojlr/rwr018).

c) erőszakot közvetítő vagy megfélemlítő jellegű félkatonai vagy ahhoz hasonló ruházatot viselve
megjelenni.
(2) Ha azt a tudomásul vett bejelentés nem tartalmazta, a résztvevők
a) nem viselhetnek védőfelszerelést, egyenruhát, vagy azzal összetéveszthető ruházatot,
b) továbbá arcukat nem takarhatják el.

CHAPTER 15

Criminal Law

Ferenc Petruska

There are several articles regarding religious freedom in the Hungarian Criminal Code (Act C of 2012). The first category of these rules includes a Criminal Code article, which specifically prohibits the violation of freedoms of conscience and religion or believers. These standards apply to all religions and crimes against human dignity and basic rights. The second category of regulations consists of many Criminal Code articles prohibiting indirect or possible violations of freedom of conscience and religion or belief.[1]

The International Covenant on Civil and Political Rights (ICCPR), ratified on 16 December 1966 during the 21st United Nations session and enacted in Hungary by Act VIII of 1976, emphasises the recognition of human rights in all their dimensions, irrespective of "race, sex, language, religion, political or other opinions, national or social origin, property, birth, or other status" (Articles 2, 26). It compels Hungary to adopt legislative and supplementary measures to ensure the safeguarding of these rights. Article 20(2) of the Covenant distinctly outlaws the dissemination of national, racial or religious animosity inciting discrimination, enmity or violence.

Article 21(1) of the Charter of Basic Rights categorically forbids all kinds of discrimination. This is reinforced by Article 67(3) of the Treaty on the Functioning of the European Union (May 9, 2008). This Treaty specifically deals with the requirement to counter specific forms of racism and xenophobia by way of criminal statutes. This directive was activated via Council Framework Decision No. 913/2008/1/B of 28 November 2008, which makes punishable certain conduct with a racist or xenophobic motive and encompasses "incitement to violence or hatred directed against a group of persons or a member of such a group", denoted by attributes of race, colour, lineage, religion, belief or national or ethnic origin. Hungary ensures the efficacy, appropriateness and deterrence ability of criminal penalties for such offences.

1 *Büntető Törvénykönyv: Kiegészítve Jogegységi Határozatokkal És a Bírói Gyakorlattal: 1978. Évi IV. Törvény a Büntető Törvénykönyvről*, ed. by Hungary, Erzsébet Kadlót, and József Krisztián Gaál, Második kiadás, 2012. február 1 (Budapest: Novissima Kiadó, 2012); *Büntető Törvénykönyv, Büntetőeljárás*, ed. by Hungary, Ágnes Debreczeni, and Hungary (Budapest: UNIÓ, 1995).

Article VII of Hungary's Fundamental Law prescribes the following provisions. (1) Every person is entitled to freedom of thought, conscience and religion. This includes the right to choose or change one's beliefs, as well as the freedom for individuals to express, withhold, engage in or teach their beliefs by means of religious practices, ceremonies or other methods, individually or collectively, in the public or private sphere. (2) Individuals adhering to shared principles of faith are permitted, in order to practise their religion, to form religious communities governed by the organisational structure defined in a cardinal Act. (3) The state and religious communities shall operate separately. Religious communities shall be autonomous. (4) The state and religious communities may cooperate to achieve community goals. At the request of a religious community, the National Assembly shall decide on such cooperation. The religious communities participating in such cooperation shall operate as established churches. The state shall provide specific privileges to established churches concerning their participation in the fulfilment of tasks that serve to achieve community goals. Paragraph 5 of the Fundamental Law prescribes that the uniform regulations concerning religious communities, the terms of collaboration, the established churches and the specific provisions regarding them shall be established by means of a cardinal Act.

Article XIV of Hungary's Fundamental Law, Paragraph 4, specifies that Hungary is obliged to extend asylum to non-Hungarian nationals encountering persecution in their nation of origin or customary home by reason of race, nationality, affiliation with a specific social category, religious or political convictions, etc., or if there is reasonable fear of direct persecution, provided that they are not safeguarded by their nation of origin or any alternative nation. However, eligibility for asylum is lost if the individual entered Hungarian territory via a country where there was no persecution or direct threat of it. Moreover, in Paragraph 5, it is determined that the basic principles for granting asylum will be outlined in a cardinal Act.

In addition to not infringing religious freedom, the state creates appropriate conditions for a religious life through its regulatory activities and protects religious communities and religious freedom from the most radical external assaults by means of criminal law. Act CCVI of 2011 on Freedom of Religion and Conscience and Churches, Religions, and Religious Communities (Article 20/C) also provides a general argument that organised religious communities, particularly where the smooth functioning of ecclesiastical ceremonies and the ecclesiastical government is concerned, as well as churches, cemeteries and other sacred places, will be afforded enhanced protection from offences. The Hungarian Criminal Code contains many offences that guarantee religious freedom.

Article 142 of the Hungarian Criminal Code defines genocide as any action undertaken by any person with the explicit intention wholly or partially to eliminate a national, ethnic, racial or religious group. Such action encompasses causing the death of group members, inflicting grave bodily or psychological harm, compelling the group to endure conditions constituting genocidal acts, issuing threats of group or individual annihilation, executing measures to halt a group's procreation, or abducting children affiliated with the group or falsely professing group affiliation to engage in this offence. The purpose of this article is to protect national, ethnic, racial and religious groups from persecution and to ensure their continuation. The term "group" signifies a collection of individuals belonging to a national, ethnic, racial or religious group, including even those falsely claiming affiliation in order to commit this offence. This transgression is applicable to any individual, even within the group concerned. Article 215 of the Hungarian Criminal Code defines infringement of freedom of conscience and religion as employing violence or threats to limit an individual's conscientious freedom or hinder unobstructed religious practice.

Article 216 of the Hungarian Criminal Code labels "violence against a community" as actions of an individual conspicuously manifesting antisocial behaviour that could provoke alarm among members of a national, ethnic, racial, religious or other societal group, grounded in actual or presumed association, with special attention being paid to factors like disability, gender identity or sexual orientation.

According to Article 332 of the Hungarian Criminal Code, "incitement against a community" is described as an act encouraging violence or hostility. This incitement might be towards the Hungarian nation, a national, ethnic, racial or religious group, or a specific societal group or an individual member, especially when it involves disability, sexual identity or sexual orientation in the presence of a significant audience. This offence is classified as a felony, punishable by a maximum sentence of three years' imprisonment.

Moreover, numerous other offences (robbery, theft, criminal damage, etc.) entail escalated penalties if committed against religion or religious freedom.[2]

Case law 1: The passive subject of an offence may be any natural person, including a group of individuals (e.g. persons participating in a procession on Midsummer Day BH1999. 292.).

2 Hungary, Kadlót, and Gaál.

2012. évi C. törvény a Büntető Törvénykönyvről

[...]

A lelkiismereti és vallásszabadság megsértése

215. § Aki mást
a) lelkiismereti szabadságában erőszakkal vagy fenyegetéssel korlátoz,
b) vallásának szabad gyakorlásában erőszakkal vagy fenyegetéssel akadályoz,
bűntett miatt három évig terjedő szabadságvesztéssel büntetendő.

Közösség tagja elleni erőszak

216. § (1) Aki más valamely nemzeti, etnikai, faji, vallási csoporthoz vagy a lakosság egyes csoportjaihoz tartozása vagy vélt tartozása, így különösen fogyatékossága, nemi identitása, szexuális irányultsága miatt olyan, kihívóan közösségellenes magatartást tanúsít, amely alkalmas arra, hogy az adott csoport tagjában riadalmat keltsen, bűntett miatt három évig terjedő szabadságvesztéssel büntetendő.
(2) Aki mást valamely nemzeti, etnikai, faji, vallási csoporthoz vagy a lakosság egyes csoportjaihoz tartozása vagy vélt tartozása, így különösen fogyatékossága, nemi identitása, szexuális irányultsága miatt bántalmaz, illetve erőszakkal vagy fenyegetéssel arra kényszerít, hogy valamit tegyen, ne tegyen vagy eltűrjön, egy évtől öt évig terjedő szabadságvesztéssel büntetendő.
(3) A büntetés két évtől nyolc évig terjedő szabadságvesztés, ha a közösség tagja elleni erőszakot
a) fegyveresen,
b) felfegyverkezve,
c) jelentős érdeksérelmet okozva,
d) a sértett sanyargatásával,
e) csoportosan vagy
f) bűnszövetségben
követik el.
(4) Aki a közösség tagja elleni erőszakra irányuló előkészületet követ el, vétség miatt két évig terjedő szabadságvesztéssel büntetendő.

[...]

Közösség elleni uszítás

332. § Aki nagy nyilvánosság előtt
a) a magyar nemzet ellen,
b) valamely nemzeti, etnikai, faji, vallási csoport, illetve annak tagja ellen, vagy
c) a lakosság egyes csoportjai, illetve azok tagjai ellen – különösen fogyatékosságra, nemi identitásra, szexuális irányultságra tekintettel – erőszakra vagy gyűlöletre uszít, bűntett miatt három évig terjedő szabadságvesztéssel büntetendő.

CHAPTER 16

Family Law

Ferenc Petruska

In Hungary, legislation on religion is not imposed in the public domain. State laws do not include religious regulations but align with natural law or religious principles.[1] The Islamic communities have neither demanded exemption from state law nor officially accepted Sharia law.[2]

Religious marriages and divorces are not considered legally binding in Hungary. These are rare because most Islamic countries' traditional and formal marriage ceremonies coincide. A husband may have several wives under Muslim law before he arrives in Hungary. Hungarian family law recognises only one wife. The Muslim religion recognises divorce, but there is a difference between divorce initiated by men (talaq) and divorce initiated by women (khula). In Hungarian law, there is no difference.[3]

1 Private International Law

Act XXVIII of 2017 on Private International Law governs the relevant legislation. Nevertheless, this Hungarian Act is relevant only if no appropriate legal provision exists in an EU regulation or international convention. According to Section 25 of this Law, in family law matters concerning children, Hungarian law shall apply if it is more favourable to the child.

An individual originating from one of various nations retains the option to keep their birth name in accordance with the legal norms of any pertinent country. Upon joint petition of the parties involved, the legislation applicable to name change consequent to marriage must correspond with either the national law of one of the spouses or Hungarian law. In the event that there is no such petition, precedence will be granted to the law aligned with the personal affiliations of the spouses.

In scenarios involving divorce or annulment, the law governing name alteration shall correspond to the legislation of the jurisdiction in which the name

1 *Populist Challenges to Constitutional Interpretation in Europe and Beyond*, ed. by Fruzsina Gárdos-Orosz and Zoltán Szente, (Abingdon, Oxon; New York, NY: Routledge, 2021).

2 'The Organisation of Muslims in Hungary'.

3 'The Organisation of Muslims in Hungary'.

was established. The birth and matrimonial names of a Hungarian citizen correctly registered according to the legal framework of another sovereign entity shall be acknowledged domestically if either that citizen or their spouse is also a citizen of the aforesaid state, or if that citizen is habitually resident in the jurisdiction in question. No name that falls foul of Hungarian state policy may be recognised.[4]

2 Marriage and Divorce

In Hungary, legal matrimony is restricted to unions between one man and one woman. Prospective couples are required formally to record the date of their wedding by way of registration with the chosen municipal registrar, a process that necessitates a minimum lead time of 30 days. Essential documentation, including a valid passport, identity card or evidence of residence, substantiation of prior marital status (if applicable), a birth certificate, proof of divorce where relevant and any additional relevant documents specific to the respective jurisdiction must be submitted. The registrar often performs the ceremony. Religious ceremonies are usually also offered. Witnesses must be at least 18 years old. They must be present at the wedding ceremony. The registrar issues a marriage certificate. The couple must receive this certificate within 15 days after the wedding.[5]

In Hungary, a divorce may be obtained with or without mutual consent. The specific grounds for divorce, including moral impediments or the irrevocable collapse of the marital bond, are not scrutinised where both spouses are seeking a divorce. In cases of divorce by mutual consent, the mere declaration of intent by both parties is sufficient. More commonly, however, only one spouse seeks a divorce. Where the marriage has entirely and irretrievably fallen apart, the competent court will dissolve it upon the application of either partner. If the couple no longer live together and there are no prospects of reconciliation, the marriage is considered to have been irrevocably dissolved. In such situations, the Hungarian court will collect evidence to confirm the irretrievable cessation of cohabitation. The court refrains from deliberating on the culpability for the marriage's dissolution. Its sole consideration is whether the marital bond has irretrievably disintegrated and cannot be revived. In the divorce

4 *Polgári Jog: A Ptk. Magyarázata*, ed. by György Wellmann, Negyedik, átdolgozott, bővített kiadás (Budapest: HVG-ORAC Lap- és Könyvkiadó Kft, 2021).

5 'Embassy of Hungary London', 2023 (https://london.mfa.gov.hu/eng) accessed 12 August 2023; Wellmann.

decree, the court must address issues concerning custody, child guardianship and child support. Property-related matters may be addressed in a subsequent, separate ruling.[6]

3 Children

The Hungarian legal system accords the same privileges to all children, whether born in Hungary or abroad. Under Hungarian law, the rights of children are equal. The nationality of the parents has no bearing on the children's privileges.

Under Hungarian law, the protection of minors is a fundamental privilege. Several regulations exist to maintain the security and wellbeing of children. Child protection refers to safeguarding the overall progress, prosperity and welfare of children. The legal framework aims to improve the living conditions, nutrition, education and healthcare of children.

If parents are unable or unwilling to protect their child's best interests, Hungarian law requires the government to intervene. Child protection is the responsibility and within the jurisdiction of the Hungarian child protection services and tribunals.[7]

2013. évi V. törvény a Polgári Törvénykönyvről

[…]

4:5. § [A házasság létrejötte]
(1) Házasság akkor jön létre, ha az együttesen jelen lévő férfi és nő az anyakönyvvezető előtt személyesen kijelenti, hogy egymással házasságot köt. A nyilatkozat feltételhez vagy határidőhöz nem köthető.
(2) A kijelentés kölcsönös megtörténte után az anyakönyvvezető a házasság létrejöttét megállapítja és a házasságkötés tényét a házassági anyakönyvbe bejegyzi.
(3) A házasság az (1) bekezdésben foglalt feltételek hiányában nem jön létre. A nemlétező házasságot úgy kell tekinteni, mintha meg sem kötötték volna.

6 'Embassy of Hungary London'; Wellmann.

7 'Válás után gyermekelhelyezés: változnak a jogszabályok', *Magyar Nemzet*, 2021 (https://magyarnemzet.hu/belfold/2021/10/valas-utan-gyermekelhelyezes-valtoznak-a-jogszabalyok) accessed 12 August 2023; Wellmann.

4:6. § [Házasság létezésének vagy nem létezésének megállapítása]
(1) Ha a házasság létezése vagy nemlétezése közigazgatási hatósági eljárásban nem tisztázható, a házasság létezésének vagy nemlétezésének megállapítása iránt bármelyik házastárs, az ügyész vagy az jogosult pert indítani, akinek a megállapításhoz jogi érdeke fűződik.
(2) A pert a házastársnak a másik házastárs ellen, az ügyésznek vagy a per megindítására jogosult más személynek mindkét házastárs ellen kell indítania. Ha az a fél, aki ellen a pert meg kellene indítani, már nem él, a keresetet a bíróság által kirendelt ügygondnok ellen kell indítani.
(3) A házasság létezését vagy nemlétezését megállapító ítélet mindenkivel szemben hatályos.
4:7. § [A házasságkötést megelőző eljárás]
(1) A házasságkötést megelőzően a házasulóknak az anyakönyvvezető előtt ki kell jelenteniük, hogy házasságuknak nincs jogi akadálya, és igazolniuk kell, hogy házasságkötésük jogi feltételei fennállnak.
(2) A házasságkötést az anyakönyvvezető csak a házasságkötési szándék bejelentését követő harminc nap utáni időpontra tűzheti ki. A jegyző e határidő alól indokolt esetben felmentést adhat.
(3) A házasulók valamelyikének közeli halállal fenyegető egészségi állapota esetén a házasulók nyilatkozata a házasságkötés összes jogi feltételének igazolását pótolja, és a házasságot a bejelentés után nyomban meg lehet kötni.
4:8. § [A házasságkötés alaki szabályai]
(1) A házasságkötés két tanú jelenlétében nyilvánosan, az önkormányzat hivatali helyiségében történik.
(2) A házasulók kérelmére a házasság a nyilvánosság mellőzésével, illetve – a jegyző engedélye alapján – a hivatalos helyiségen kívül más, erre megfelelő helyen is megköthető.

[…]

4:20. § [A házasság megszűnésének esetei]
(1) A házasság megszűnik
a) az egyik házastárs halálával;
b) bírósági felbontással.

(2) A házasságot a másik házastárs újabb házasságkötése esetén akkor is megszűntnek kell tekinteni, ha a házastárs halálára vonatkozó anyakönyvi bejegyzés, a halál tényét megállapító vagy a holtnak nyilvánító bírósági határozat hatálya az újabb házasságkötést követően megdől,

feltéve, hogy az újabb házasságkötéskor egyik házasuló sem tudta, hogy a halál nem következett be.
(3) A házasság megszűnése időpontjának az (1) bekezdés a) pontja és a (2) bekezdés esetén azt a napot kell tekinteni, amelyet a halotti anyakönyvi bejegyzés vagy a bírósági határozat a halál napjaként feltüntet. A házasság az (1) bekezdés b) pontja esetén a házasságot felbontó ítélet jogerőre emelkedésének napján szűnik meg.
4:21. § [A házasság felbontása]
(1) A bíróság a házasságot bármelyik házastárs kérelmére felbontja, ha az teljesen és helyrehozhatatlanul megromlott. A házasság teljes és helyrehozhatatlan megromlása állapítható meg különösen abban az esetben, ha a házastársak között az életközösség megszűnt, és annak helyreállítására – az életközösség megszűnéséhez vezető folyamat, illetve a különélés időtartama alapján – nincs kilátás.
(2) A bíróság a házasságot az (1) bekezdésben foglalt körülmények vizsgálata nélkül bontja fel, ha azt a házastársak végleges elhatározáson alapuló, befolyásmentes megegyezésük alapján közösen kérik.
(3) A házasságnak a (2) bekezdés szerinti felbontására akkor van lehetőség, ha a házastársak a közös gyermek tekintetében a szülői felügyelet gyakorlása, a különélő szülő és a gyermek közötti kapcsolattartás, a gyermek tartása, a házastársi közös lakás használata, valamint – ez iránti igény esetén – a házastársi tartás kérdésében megegyeztek, és perbeli egyezségüket a bíróság jóváhagyta.
(4) Ha a házastársak közös szülői felügyeletben állapodnak meg, a kapcsolattartás kérdésében nem kell megegyezniük, a gyermek lakóhelyét azonban meg kell határozniuk.
(5) A házasság felbontásánál a közös gyermek érdekét figyelembe kell venni.
(6) A szülői felügyelet gyakorlásának, a szülő és a gyermek közötti kapcsolattartásnak és a gyermek tartásának rendezése során a gyermek érdekének kell elsődlegesen érvényesülnie.
4:22. § [Közvetítői eljárás]
A házastársak a házassági bontóper megindítása előtt vagy a bontóper alatt – saját elhatározásukból vagy a bíróság kezdeményezésére – kapcsolatuk, illetve a házasság felbontásával összefüggő vitás kérdések megegyezésen alapuló rendezése érdekében közvetítői eljárást vehetnek igénybe. A közvetítői eljárás eredményeként létrejött megállapodásukat perbeli egyezségbe foglalhatják.
4:23. § [A házasság felbontása iránti per megindítása; a bontás hatálya]

(1) A házasság felbontása iránt a pert a házastársnak a másik házastárs ellen, személyesen kell megindítania.
(2) Törvényes képviselőjének hozzájárulása nélkül indíthat pert az a házastárs is, aki cselekvőképességében a perindítás tekintetében részlegesen korlátozott.
(3) Ha a házastárs cselekvőképtelen, a pert nevében a gyámhatóság hozzájárulásával törvényes képviselője indíthatja meg.
(4) A házasságot felbontó ítélet mindenkivel szemben hatályos.

Bibliography

'A Magyarországi Muszlimok Egyházának éves beszámolói', 2023 (https://iszlam.com/eves-beszamolok) accessed 20 May 2023.

Antov, Nikolay, 'The Ottoman "Wild West": The Balkan Frontier in the Fifteenth and Sixteenth Centuries', 2017 (https://typeset.io/papers/the-ottoman-wild-west-the-balkan-frontier-in-the-fifteenth-2qjts7010a) accessed 11 August 2023.

Bagasra, Omar, and Anisah Bagasra, 'Post-Mortem Practices in Muslim Populations: Guidance for Funeral Directors, Healthcare Practitioners, and Medical Examiners', in *Advances in Religious and Cultural Studies*, ed. by Anisah Bagasra and Mitchell Mackinem (Hershey PA: IGI Global, 2019), pp. 60–75 (https://doi.org/10.4018/978-1-7998-0018-7.ch004).

Baranyi, Emese Zsuzsanna, 'Islam in Hungary—Marriage Habits of Muslims Living in Hungary', *Comparative Law Working Papers*, 5.2 (2021)

Bielefeldt, H., 'Freedom of Religion or Belief—A Human Right under Pressure', *Oxford Journal of Law and Religion*, 1.1 (2012), 15–35 (https://doi.org/10.1093/ojlr/rwr018).

Bocsi, Veronika, 'The Religious Patterns of Young Roma People in Hungary', *Belvedere Meridionale*, 29.4 (2017), pp. 105–121 (https://doi.org/10.14232/belv.2017.4.7).

Bognár, Bulcsu, 'Leader Cults and Secularized Faiths: Religiosity, the Choice of Values and Political Preferences in Hungary', *Polish Sociological Review*, 3, 2021, pp. 311–330 (https://doi.org/10.26412/psr215.02).

Buc, Philippe, Martha Keil, and John Victor Tolan, eds., *Jews and Christians in Medieval Europe: The Historiographical Legacy of Bernhard Blumenkranz* (Turnhout: Brepols Publishers, 2016).

Csáky, Veronika, Dániel Gerber, Bea Szeifert, Balázs Egyed, Balázs Stégmár, Sergei Gennad'evich Botalov, and others, 'Early Medieval Genetic Data from Ural Region Evaluated in the Light of Archaeological Evidence of Ancient Hungarians', *Scientific Reports*, 10.1 (2020), 19137 (https://doi.org/10.1038/s41598-020-75910-z).

Czymara, Christian S., and Marcus Eisentraut, 'A Threat to the Occident? Comparing Human Values of Muslim Immigrants, Christian, and Non-Religious Natives in Western Europe', *Frontiers in Sociology*, 5 (2020), 538926 (https://doi.org/10.3389/fsoc.2020.538926).

Đurić, Vladimir, and Milutin Trnavac, 'The Economic Activity of Churches and Religious Communities', *Strani Pravni Zivot*, 3, 2018, pp. 89–107 (https://doi.org/10.5937/spz1803089D).

'Embassy of Hungary London', 2023 (https://london.mfa.gov.hu/eng) accessed 12 August 2023.

Gárdos-Orosz, Fruzsina, and Zoltán Szente, eds., *Populist Challenges to Constitutional Interpretation in Europe and Beyond*, Comparative Constitutional Change (Abingdon, Oxon; New York, NY: Routledge, 2021)

Górak-Sosnowska, Katarzyna, *Muslims in Poland and Eastern Europe: Widening the European Discourse on Islam* (Warsaw: University of Warsaw, 2011)

Hungary, Ágnes Debreczeni, and Hungary, eds., *Büntető Törvénykönyv, Büntetőeljárás* (Budapest: UNIÓ, 1995)

Hungary, Erzsébet Kadlót, and József Krisztián Gaál, eds., *Büntető Törvénykönyv: Kiegészítve Jogegységi Határozatokkal És a Bírói Gyakorlattal: 1978. Évi IV. Törvény a Büntető Törvénykönyvről*, Második kiadás, 2012. február 1 (Budapest: Novissima Kiadó, 2012)

Jalalian Daghigh, Ali, and Hajar Abdul Rahim, 'Representation of Muslim Minorities in Politicians' Discourse: Jacinda Ardern vs. Donald Trump', *Journal of Muslim Minority Affairs*, 40.2 (2020), pp. 179–195 (https://doi.org/10.1080/13602004.2020.1773099).

Joly, Danièle, and Khursheed Wadia, 'Migrations, Demographics and Socio-Economic Profiles', in *Muslim Women and Power*, ed. Danièle Joly and Khursheed Wadia (London: Palgrave Macmillan UK, 2017), pp. 85–120

Knutson, Sara Ann, and Caitlin Ellis, '"Conversion" to Islam in Early Medieval Europe: Historical and Archaeological Perspectives on Arab and Northern Eurasian Interactions', *Religions*, 12.7 (2021), 544 (https://doi.org/10.3390/rel12070544).

'Kozma Utca Cemetery', 2023 (https://welovebudapest.com/en/venue/kozma-utca-cemetery) accessed 12 August 2023.

'Központi Statisztikai Hivatal' (https://www.ksh.hu/nepszamlalas/vallas_sb) accessed 11 August 2023.

Ledere, G., 'Islam in Post-Socialist Hungary', *ISIM Newsletter*, 11.1 (2002), p. 15 (https://hdl.handle.net/1887/16825) accessed 19 May 2023.

Lederer, György, 'Islam in Hungary', *Central Asian Survey*, 11.1 (1992), pp. 1–23 (https://doi.org/10.1080/02634939208400762)

Maestri, Elena, 'Migration and the Muslim World: Perspectives and Challenges', in *Migration and Integration Challenges of Muslim Immigrants in Europe*, ed. by Annemarie Profanter and Elena Maestri, Politics of Citizenship and Migration (Cham: Springer International Publishing, 2021), pp. 23–53 (https://doi.org/10.1007/978-3-030-75626-0_2).

'Magyarországra Érkezett Menedékkérők És a Nemzetközi Védelemben Részesülők Száma', *Központi Statisztikai Hivatal*, 2023 (https://www.ksh.hu/stadat_files/nep/hu/nep0026.html) accessed 12 August 2023.

Malik, Maleiha, *Muslim Legal Norms and the Integration of European Muslims*, 2009 (https://cadmus.eui.eu/handle/1814/11653) accessed 19 May 2023.

Mumin, Abu, Caroline Mawer, and Ahad Miah, 'Simple Acts of Kindness: Respectful Burials for Needy Muslims within a Holistic End of Life Service', in *Communities* (presented at the People, Partnerships and Potential, 16–18 November 2016, Liverpool, British Medical Journal Publishing Group, 2016), p. A18.1-A18 (https://doi.org/10.1136/bmjspcare-2016-001245.48).

'National Food Chain Safety Office', 2023 (https://portal.nebih.gov.hu/) accessed 12 August 2023.

Péti, Márton, Laura Szabó, Csilla Obádovics, Balázs Szabó, and Dávid Csécsi, 'Analyzing Ethnocentric Immigration through the Case of Hungary—Demographic Effects of Immigration from Neighboring Countries to Hungary', *Journal of Ethnic and Cultural Studies*, 8.4 (2021), 128–153 (https://doi.org/10.29333/ejecs/857).

Petruska, Ferenc, 'Current Changes in the State and Church Cooperation for Persecuted Christians', in *Budapest Report on Christian Persecution 2020* (Budapest: Mondat Kiadó, 2021), pp. 387–394.

Refugees, United Nations High Commissioner for, 'Refworld | World Directory of Minorities and Indigenous Peoples—Hungary', *Refworld* (https://www.refworld.org/docid/4954ce69c.html) accessed 20 May 2023.

Sansum, Judit Molnár, and Balázs Dobos, 'Cultural Autonomy in Hungary: Inward or Outward Looking?', *Nationalities Papers*, 48.2 (2020), 251–266 (https://doi.org/10.1017/nps.2019.80).

Schanda, Balázs, *Állami egyházjog—Vallásszabadság és vallási közösségek a mai magyar jogban* (Budapest: Szent István Társulat, 2012).

Schanda, Balázs, 'Islam and Human Rights in Hungary: Religious Freedom Issues and Some Challenges of a Coexistence', in *Islam and Human Rights in the European Union: Proceedings of the XXXIInd Annual Conference Thessaloniki, 23–25 September 2021* (presented at the Annual Conference of the European Consortium for Church and State Research, Granada: Comares, 2022), pp. 251–258.

Schanda, Balázs, 'Vallásszabadság az Európai Emberi Jogi Bíróság gyakorlatában', *Vallástudományi Szemle*, 7.2 (2021).

Sergiy, Savchuk, 'International Legal Regulation of Non-Standard Forms of Employment', *Yearly Journal of Scientific Articles "Pravova Derzhava"*, 31, 2020, 522–532 (https://doi.org/10.33663/0000-0002-3162-2369).

'The Organisation of Muslims in Hungary', 2023 (https://iszlam.com/english/item/1828-the-organisation-of-muslims-in-hungary) accessed 11 August 2023.

'The Organisation of Muslims in Hungary', 2023 (https://iszlam.com/english/item/1828-the-organisation-of-muslims-in-hungary) accessed 20 May 2023.

'The Organisation of Muslims in Hungary', 2023 (https://iszlam.com/english/item/1828-the-organisation-of-muslims-in-hungary) accessed 12 August 2023.

'Troya Turkish Food Store Budapest', *Near Place*, 2023 (https://hu.near-place.com/troya-turkish-food-store-budapest-nepszinhaz-utca-40) accessed 12 August 2023.

'Turul Turkish Halal Meat and Grocery Store', *Near Place*, 2023 (https://hu.near-place.com/turul-turkish-halal-meat-and-grocery-store-budapest-baross-utca-109/en) accessed 12 August 2023

'Válás után gyermekelhelyezés: változnak a jogszabályok', *Magyar Nemzet*, 2021 (https://magyarnemzet.hu/belfold/2021/10/valas-utan-gyermekelhelyezes-valtoznak-a-jogszabalyok) accessed 12 August 2023.

Wellmann, György, ed., *Polgári Jog: A Ptk. Magyarázata*, Negyedik, átdolgozott, bővített kiadás (Budapest: HVG-ORAC Lap- és Könyvkiadó Kft, 2021).

Yemelianova, Galina M., and Egdūnas Račius, eds., *Muslims of Post-Communist Eurasia*, Routledge Studies in Religion (London; New York, NY: Routledge, Taylor & Francis Group, 2023).

Yves, Rojens, 'Migrant Workers and European Social Law: Of a Respectable Age or Time for a Rebirth?', 103 (2018), 233–246 (https://typeset.io/papers/migrant-workers-and-european-social-law-of-a-respectable-age-4g2lwwnslb) accessed 12 August 2023.

Index

Printed in the United States
by Baker & Taylor Publisher Services